Nietzsche zum Vergnügen

Nietzsche zum Vergnügen

»Stehlen ist oft seliger als nehmen«

Herausgegeben von
Ludger Lütkehaus

Mit 9 Abbildungen

Philipp Reclam jun. Stuttgart

RECLAMS UNIVERSAL-BIBLIOTHEK Nr. 18050

Umschlaggestaltung von Stefan Schmid
Gesamtherstellung: Reclam, Ditzingen. Printed in Germany 2008

ISBN 978-3-15-018050-1

www.reclam.de

Inhalt

Nietzsches (Un-?)Fröhliche Wissenschaft

Ein knolliger Einfall scheint es, Friedrich Nietzsche »zum Vergnügen« zu präsentieren. Ist dieser Einfall nicht eher zum Lachen, wie gut es auch sonst um die Symbiose von Vergnügen und Lachen bestellt sein mag? Ich gestehe, daß ich anfangs gelegentlich zusammengezuckt bin, wenn ich mir die eigenwillige Wortverbindung von »Nietzsche« und »Vergnügen« auf dem Titelblatt dieser Anthologie vorzustellen versuchte. Hat Nietzsche denn nicht das Vergnügen wie den Nutzen, das »delectare« wie das »prodesse«, zu den »Sklaven-Theorien vom Leben« gerechnet (10,296)? Anzusiedeln wäre es aus dieser Perspektive etwa zwischen dem philisterhaft satten und selbstgenügsamen Sich-Vergnügen, das zum Glück der blinzelnden »letzten Menschen« taugt, und – noch schlimmer! – dem »irdischen Vergnügen« des guten deutschen Dichters Barthold Heinrich Brockes und seinesgleichen »in Gott«. Und wo bliebe da der »freie Geist«, dem sich Nietzsches *Fröhliche Wissenschaft* verschrieben hat!

Gewiß, bei Nietzsche ist viel vom Lachen und vom Tanzen die Rede – so viel, auch so emphatisch, daß sein philosophischer Rettungsversuch des Lebens, des sich wollenden, sich unter allen Umständen bejahenden, sich steigernden Lebens im Zeitalter des Nihilismus, auch als Versuch, das Lachen zu retten, verstanden werden kann. Nietzsche feiert das »goldne Gelächter« (5,236). Er preist die »Rosenkranz-Krone des Lachenden« (4,366). Ja, er spricht das Lachen geradezu heilig.

Doch in all dem ist das Lachen eine fatal »ernste Kunst«. Von Zarathustra als (Re-)Animateur des Lebens nach dem Tod Gottes und dem Tod des Sinns bei jeder sich bietenden Gelegenheit gelehrt, muß diese Kunst offenbar gelernt werden. Aber Pädagogik ist auch beim ausgeprägtesten Willen zur Fröhlichkeit nie des Lachens Anfang gewesen. Tanzend will Nietzsche den Geist der Schwere vertreiben – und bringt es, wie es scheint, doch nur zur forcierten Heiterkeit von Totentänzen. Eine programmatisch *Fröhliche Wissenschaft* kündigt er an – und endet damit, daß »die Tragödie beginnt«. »Was es mit unserer Heiterkeit auf sich hat«? Wahrhaftig nicht viel, nicht viel! Das Kapitel »Warum ich so heiter bin« ist in *Ecce homo* nicht zu lesen. Und wenn Nietzsche »komisch« wird, deutet das eher auf eine verzweifelte Lustigkeit, die »Entladung vom Ekel des Absurden« sucht (1,57).

Nietzsche kann man sich in der Tat nur schwer wirklich lachend vorstellen. Seine Euphorien sind anderer Natur. Auch er entrichtet dem »Zeitalter des Ernstes«, dessen zunehmende »Severität« das Denken mit dem Stirnrunzeln assoziiert, genug und übergenug seinen Tribut. Darin ist nicht nur die Spur einer historischen Verdüsterung zu sehen, wo mit der sinkenden Sonne des Seins auch die Heiterkeit versinkt, auch nicht bloß der Ausdruck einer melancholischen, depressiv beschwerten Seele – es ist das Scheitern von Nietzsches angestrengtem Lebensrettungsversuch selbst, dem vor lauter Lachen und Tanzen das Lachen zu vergehen droht. Bleibt es einem bei Nietzsche am Ende nicht schon im Halse stecken?

Jedenfalls ist so die Grenze bestimmt, auf die das »Vergnügen« bei der Nietzsche-Lektüre stößt. Eben an dieser Grenze aber kehrt es auch unversehens wieder.

Daß bei dem Griechenfreund Nietzsche der Tragödie das Satyrspiel folgt – einschließlich aller satirischen Abkömmlinge aus dem Genre der Verlachkomik, wofür diese Anthologie manch schönes Beispiel liefert –, ist nicht unerwartet. Aber das Vergnügen ist selber eines an tragischen Gegenständen. Zu beobachten ist die (Wieder-)Geburt der Komödie aus dem Geist der Tragik, wirklich *Fröhliche Wissenschaft*: Fröhlichkeit nicht trotz, sondern dank dem Wissen der philosophischen Wissenschaft.

Das Dasein, über das angeblich »absolut nicht gelacht werden darf«, hat kein Warum und kein Wozu, keinen Zweck und kein Ziel? Wohlan, ist es also nicht um so mehr zum Lachen, wenn die »Lehrer vom Zwecke des Daseins« uns und sich ganz ernsthaft das Lachen verbieten? Je grundloser, desto hemmungsloser: das ist die in Fragen des Lachens einzig gültige Maxime. Unseres Todes sind wir gewiß, warum also wollten wir nicht heiter sein! Das Leben ist metaphysisch trostlos? Nun gut, dann pflegen wir das Lachen als »die Kunst des diesseitigen Trostes« (1,22). Die Schlange der Ewigen Wiederkunft beißt sich im Hals von Zarathustras panischem Hirten fest? Er beiße ihr den Kopf ab – und schon fängt er an zu lachen (vgl. 4,202). Dieses Lachen löst die Schwere des schwersten Gedankens. Der Mensch ist das leidendste und eben deswegen das lachende Tier, das unglückliche und melancholische und eben deswegen das heiterste Tier, wie es der Melancholiker und Tragödienheld Nietzsche aus eigener Erfahrung weiß. »›Der Held ist heiter‹: das entging bisher den Tragödiendichtern«, auch den Autoren der unfröhlichen Nietzsche-Wissenschaft.

»Sinn«, diese knappste aller Ressourcen, gibt es im

Leben nicht – also feiern wir den Unsinn. Denn schon »im Anfang war der Unsinn, und der Unsinn war, bei Gott! und Gott (göttlich) war der Unsinn«. Was hätte heute noch Zukunft? Fast nichts, fast nur noch buchstäblich – Nichts. Um so mehr hat das Lachen Zukunft, wie Nietzsche vor Becketts bis zum äußersten Vergnügen tragikomischen absurden Endspielen weiß. Furcht hat das menschliche Tier »manche hunderttausend Jahre lang« gepeinigt, Angst peinigt es immer noch, und zwar im Übermaß. Um so mehr gibt es unter Menschen »des Komischen«: Im »Übermut«, nicht nur dem Mut, wie ihn die Tragödie verlangt, »schnellt das vor Angst zitternde, zusammengekrümmte Wesen empor, entfaltet sich weit« – so weit empor, daß es sich mit den Göttern im »olympischen Laster« des Lachens trifft. »Was verbindet Götter mit Menschen?« fragt Nietzsche als Anti-Hyperion. Daß sie Lachende sind. Und worüber lachen sie am heftigsten – so heftig, daß sie sich darüber totlachen? Daß einer von ihnen sich mit dem Einzigen verwechselte. Wenn das kein Stoff für eine sehr menschliche göttliche Komödie ist!

In solch freiem Laster- und Lästergeist kommen Götter und Menschen auf das vergnüglichste zusammen. Sie müssen nur nicht ewig leben oder gar, nachdem selbst der Einzige tot ist, wieder auferstehen wollen. Und wenn sie das doch versuchen, dann droht ihnen Zarathustra sogleich die transitive Wendung des Totlachens an. Lachen nämlich verspricht die gründlichste Form des Tötens. Das ist der Grund, weswegen die Fanatiker des Ewigen und Absoluten in Umberto Ecos *Der Name der Rose* um jeden Preis die Poetik des Aristoteles »Über das Komische« für sich behalten wollen.

Nichts, weder Götter noch Menschen, weder Kirchen

noch Heilige und auch nicht das Heilige, ganz zu schweigen vom Feierlichen, ist dem Spott der freien Geister heilig. Lachen kennt keine Grenzen. Lachen ist so rücksichts- wie hemmungslos. Das Lachen ist die freieste Freiheit der freien Geister. Wenn es die Grenzen der Pietät zur Blasphemie hin überschreitet, wie es bei Nietzsche zweifellos öfters der Fall ist, dann werden die Vertreter des Absoluten und Unbedingten nur vom gerechten Geschick einer sie auslachenden Nemesis humana erreicht. Das Lachen ist die vergnüglichste Buße der Selbstgefälligkeit, des nicht nur neuerdings in der Philosophie und Theologie erhobenen »vornehmen Tons«. Wenn es besonders drastisch kommt, dann stimmt ein heiligmäßiger Esel sein »I-A- und Amenlied« an.

Eine intensive »Ewigkeit« will alleine die das irdische Vergnügen ohne Gott überbietende nachtwandlerische Lust. Doch wenn mit dieser Ewigkeit auch die des »Wehs« droht, das sich lieber auf »Vergeh!« reimt, empfiehlt es sich eher, Freund und Nachbar der nächsten, der natürlichen Dinge zu sein, von »Felsen, Wind, Nadelhölzern, Heidegräsern«, »schläfrig und zufrieden wie die Sonne in den Gassen einer kleinen Stadt am Feiertage«, unter »Mädchen, die wie Turteltauben lachen«, sela. Dieses Vergnügen ohne die strapaziösen Exaltationen ewiger Lust wird ganz unverächtlich auf der Erde heimisch sein.

Noch zuverlässiger das satirische Vergnügen, das »der Mensch im Verkehr« mit seinesgleichen erfährt. Nietzsche weiß aus reichlicher eigener Erfahrung, was er zum Beispiel an den Kollegen von ehemals hat, den Gelehrten, diesen vorzüglichen »passiven Humoristen« (Jean Paul). Gravitätisch pflegen sie ihre tatsächlich unfröhliche Wissenschaft. Daß sie gebuckelt und geduckt über ihren Büchern sitzen, macht sie zu symptomatischen Platzhaltern des »zusammengekrümmten« Tieres, das es nie und nimmer zum Emporschnellen, geschweige denn zur Freiheit eines »freien Geistes« bringt. Sitzdenker sind sie, nicht die Fels- und Grenzgänger einer ambulatorischen Vernunft. Und ihre Werke sind danach.

Auch die Repräsentanten der »Völker und Vaterländer« gehören zur Gilde der seßhaft-unfreien Wissenschaft, die allein satirisches Vergnügen gewährt. Angesichts noch immer grassierender rezeptions-(nicht wirkungs-!)geschichtlicher Entstellungen ist es an der Zeit, den »guten Europäer«, den Anti-Antisemiten Nietzsche zu dokumentieren und sein ausgesprochenes »Vergnügen« an europäisch erweiterten Perspektiven (5,183). Wenn er sich doch noch »deutsch« fühlt, so als Antipode aller »Tümelnden« oder klerikal zu Kreuz Kriechenden.

Die Palme gebührt freilich nach wie vor den moralischen »Brüllaffen«, den Vertretern der ewigen Werte, den Tugend-Predigern, denen dank ihrer unheilbaren Obsession entgeht, wie sehr sie der Unterleib und die Eitelkeit bestimmt. Wenn es um sie geht, bietet der Psychologe Nietzsche am meisten das tief befriedigende Vergnügen, das die Entlarvungspsychologie gewährt.

Trotzdem vergißt er nicht und läßt es nicht vergessen, daß es bei allen spezifischen Zielgruppen seines Spottes um »Menschliches, Allzumenschliches« geht – die Übergänge zum »Göttlich, Allzugöttlichen« sind fließend. Auch seine eigenen Lieblingsprojekte, etwa die Selbsttranszendierung des Menschen zum Übermenschen, holt Nietzsche im Zeichen der Realkarikatur lauter vorletzter »letzter Menschen« auf den Boden der Tatsachen zurück.

Am Schluß wie am Anfang steht die närrische Weisheit des »Schalksnarren« Nietzsche. Sie äußert sich auf eine abgründige Weise, wenn er drei Tage nach seinem Turiner Zusammenbruch in einem Brief an Jacob Burckhardt das letzte Satyrspiel zur Tragödie des »tollen Menschen« und seines toten Gottes liefert: »Lieber Herr Professor, zuletzt wäre ich sehr viel lieber Basler Professor als Gott; aber ich habe es nicht gewagt, meinen Privat-Egoismus so weit zu treiben, um seinetwegen die Schaffung der Welt zu unterlassen. Sie sehen, man muß Opfer bringen, wie und wo man lebt« (*Sämtliche Briefe*, 8,577 f.).

Unbeschwerter heiter zeigt sich der Narr Nietzsche indessen in seinen gereimten und ungereimten Sprüchen. Ihnen wird hier der gebührende Raum gewährt. Daß der vergnüglichste Nietzsche in seinen Versen zu finden ist – das ist in diesem Ausmaß vielleicht auch dann überraschend, wenn man ihn zu kennen glaubte. Es ist aber nur schlüssig, weil das »zusammengekrümmte Wesen« es auf Versfüßen am ehesten zum Tanzen bringt. »Scherz, List und Rache«, die so sehr in den Spuren des olympischen Lästerers Goethe gehen, daß sie sein unvergänglichstes Gleichnis am Ende des zweiten Teils seines *Faust* parodieren als »Dichter-Erschleichnis« und dem »Ewig-Närrischen« den Vorzug vor dem »Ewig-Weiblichen« geben, stimmen zum Ende der *Fröhlichen Wissenschaft* die »Lieder des Prinzen Vogelfrei« an. Dieser Ritter von der heiteren Gestalt ist die privilegierteste, die ironischste und selbstironischste Form des »freien Geistes«, frei wie ein Vogel und zum Abschuß frei.

In einem bisher unbekannten Autograph, das wir hier zum ersten Male mitteilen, obwohl wir dringend davon abraten, es auf seine Seriosität hin zu überprüfen, hat Nietzsche vorausschauend notiert, welches Geschick er unter Narren, Philologen und Herausgebern auf sich zukommen sah:

> Friedrich Nietzsche zum Vergnügen
> Wär' es, wenn ganz ohne Lügen
> Narr'n und Weise sich vertrügen.
> Friedrich Nietzsche zum Vergnügen,
> Fröhlich ist die Wissenschaft
> Wenn sie lügt gewissenhaft.

I

Das olympische Laster

Wer am besten lacht,
der lacht auch zuletzt.

500 Aufschriften
auf Tisch und Wand
für Narrn
von
Narrenhand.

Seine Gesellschaft zu finden wissen

Mit Witzbolden ist gut zu witzeln:
Wer kitzeln will ist leicht zu kitzeln.

Die witzigsten Autoren erzeugen ein unmerkliches Lächeln.

Dies ist kein Buch: was liegt an Büchern!
Was liegt an Särgen und Leichentüchern!
Dies ist ein Wille, dies ist ein Versprechen,
Dies ist ein letztes Brücken-Zerbrechen,
Dies ist ein Meerwind, ein Ankerlichten,
Ein Räderbrausen, ein Steuer-Richten,
Es brüllt die Kanone, weiß dampft ihr Feuer,
Es lacht das Meer, das Ungeheuer –

Unter Töchtern der Wüste

[...]

Ha!
Feierlich!
ein würdiger Anfang!
afrikanisch feierlich!
eines Löwen würdig
oder eines moralischen Brüllaffen ...
– aber Nichts für euch,
ihr allerliebsten Freundinnen,
zu deren Füßen mir,
einem Europäer unter Palmen,
zu sitzen vergönnt ist. Sela.

Wunderbar wahrlich!
Da sitze ich nun,
der Wüste nahe und bereits
so ferne wieder der Wüste,
auch in Nichts noch verwüstet:
nämlich hinabgeschluckt
von dieser kleinsten Oasis
– sie sperrte gerade gähnend
ihr liebliches Maul auf,
das wohlriechendste aller Mäulchen:
da fiel ich hinein,
hinab, hindurch – unter euch,
ihr allerliebsten Freundinnen! Sela.

Heil, Heil jenem Walfische,
wenn er also es seinem Gaste
wohlsein ließ! – ihr versteht
meine gelehrte Anspielung? ...
Heil seinem Bauche,

»Friedrich der Unzeitgemässe«
Foto aus den mittleren Jahren

wenn es also
ein so lieblicher Oasis-Bauch war,
gleich diesem: was ich aber in Zweifel ziehe.
Dafür komme ich aus Europa,
das zweifelsüchtiger ist als alle Eheweibchen.
Möge Gott es bessern!
Amen!

Da sitze ich nun,
in dieser kleinsten Oasis,
einer Dattel gleich,
braun, durchsüßt, goldschwürig,
lüstern nach einem runden Mädchen-Maule,
mehr aber noch nach mädchenhaften
eiskalten schneeweißen schneidigen
Beißzähnen: nach denen nämlich
lechzt das Herz allen heißen Datteln. Sela.

Den genannten Südfrüchten
ähnlich, allzuähnlich
liege ich hier, von kleinen
Flügelkäfern
umtänzelt und umspielt,
insgleichen von noch kleineren
törichteren boshafteren
Wünschen und Einfällen, –
umlagert von euch,
ihr stummen, ihr ahnungsvollen
Mädchen-Katzen
Dudu und Suleika
– umsphinxt, daß ich in Ein Wort
viel Gefühle stopfe
(– vergebe mir Gott
diese Sprachsünde! ...)

– sitze hier, die beste Luft schnüffelnd,
Paradieses-Luft wahrlich,
lichte leichte Luft, goldgestreifte,
so gute Luft nur je
vom Monde herabfiel,
sei es aus Zufall
oder geschah es aus Übermute?
wie die alten Dichter erzählen.
Ich Zweifler aber ziehe es in Zweifel,
dafür komme ich
aus Europa,
das zweifelsüchtiger ist als alle Eheweibchen.
Möge Gott es bessern!
Amen.

Diese schönste Luft atmend,
mit Nüstern geschwellt gleich Bechern,
ohne Zukunft, ohne Erinnerungen,
so sitze ich hier, ihr
allerliebsten Freundinnen,
und sehe der Palme zu,
wie sie, einer Tänzerin gleich,
sich biegt und schmiegt und in der Hüfte wiegt
– man tut es mit, sieht man lange zu ...
einer Tänzerin gleich, die, wie mir scheinen will,
zu lange schon, gefährlich lange
immer, immer nur auf Einem Beinchen stand?
– da vergaß sie darob, wie mir scheinen will,
das andre Beinchen?
Vergebens wenigstens
suchte ich das vermißte
Zwillings-Kleinod
– nämlich das andre Beinchen –

in der heiligen Nähe
ihres allerliebsten, allerzierlichsten
Fächer- und Flatter- und Flitter-Röckchens.
Ja, wenn ihr mir, ihr schönen Freundinnen,
ganz glauben wollt,
sie hat es verloren . . .
Hu! Hu! Hu! Hu! Hu! . . .
Es ist dahin,
auf ewig dahin,
das andre Beinchen!
Oh schade um dies liebliche andre Beinchen!
Wo – mag es wohl weilen und verlassen trauern,
dieses einsame Beinchen?
In Furcht vielleicht vor einem
grimmen gelben blondgelockten
Löwen-Untiere? oder gar schon
abgenagt, abgeknabbert –
erbärmlich wehe! wehe! abgeknabbert! Sela.

Oh weint mir nicht,
weiche Herzen!
Weint mir nicht, ihr
Dattel-Herzen! Milch-Busen!
Ihr Süßholz-Herz-
Beutelchen!
Sei ein Mann, Suleika! Mut! Mut!
Weine nicht mehr,
bleiche Dudu!
– Oder sollte vielleicht
etwas Stärkendes, Herz-Stärkendes
hier am Platze sein?
ein gesalbter Spruch?
ein feierlicher Zuspruch? . . .

Ha!
Herauf, Würde!
Blase, blase wieder,
Blasebalg der Tugend!
Ha!
Noch Ein Mal brüllen,
moralisch brüllen,
als moralischer Löwe vor den Töchtern der
Wüste brüllen!
– Denn Tugend-Geheul,
ihr allerliebsten Mädchen,
ist mehr als Alles
Europäer-Inbrunst, Europäer-Heißhunger!
Und da stehe ich schon,
als Europäer,
ich kann nicht anders, Gott helfe mir!
Amen!

[...]

Bücher, welche tanzen lehren. – Es gibt Schriftsteller, welche dadurch, daß sie Unmögliches als möglich darstellen und vom Sittlichen und Genialen so reden, als ob beides nur eine Laune, ein Belieben sei, ein Gefühl von übermütiger Freiheit hervorbringen, wie wenn der Mensch sich auf die Fußspitzen stellte und vor innerer Lust durchaus tanzen müßte.

Das olympische Laster. – Jenem Philosophen zum Trotz, der als echter Engländer dem Lachen bei allen denkenden Köpfen eine üble Nachrede zu schaffen suchte – »das Lachen ist ein arges Gebreste der menschlichen Natur, welches jeder denkende Kopf zu überwinden bestrebt sein wird« (Hobbes) –, würde ich mir sogar eine Rangordnung der Philosophen erlauben, je nach dem Range ihres Lachens – bis hinauf zu denen, die des goldnen Gelächters fähig sind. Und gesetzt, daß auch Götter philosophieren, wozu mich mancher Schluß schon gedrängt hat –, so zweifle ich nicht, daß sie dabei auch auf eine übermenschliche und neue Weise zu lachen wissen – und auf Unkosten aller ernsten Dinge! Götter sind spottlustig: es scheint, sie können selbst bei heiligen Handlungen das Lachen nicht lassen.

Je höher von Art, je seltener gerät ein Ding. Ihr höheren Menschen hier, seid ihr nicht alle – mißgeraten?

Seid guten Muts, was liegt daran! Wie vieles ist noch möglich! Lernt über euch selber lachen, wie man lachen muß!

Was wunders auch, daß ihr mißrietet und halb gerietet, ihr Halb-Zerbrochenen! Drängt und stößt sich nicht in euch – des Menschen Zukunft?

Des Menschen Fernstes, Tiefstes, Sternen-Höchstes, seine ungeheure Kraft: schäumt Das nicht alles gegeneinander in eurem Topfe?

Was wunders, daß mancher Topf zerbricht! Lernt über euch lachen, wie man lachen muß! Ihr höheren Menschen, oh wie vieles ist noch möglich!

Und wahrlich, wie viel geriet schon! Wie reich ist diese Erde an kleinen guten vollkommenen Dingen, an Wohlgeratenem!

Stellt kleine gute vollkommne Dinge um euch, ihr höheren Menschen! Deren goldene Reife heilt das Herz. Vollkommnes lehrt hoffen.

Welches war hier auf Erden bisher die größte Sünde? War es nicht das Wort dessen, der sprach: »Wehe denen, die hier lachen!«

Fand er zum Lachen auf der Erde selber keine Gründe? So suchte er nur schlecht. Ein Kind findet hier noch Gründe.

Der – liebte nicht genug: sonst hätte er auch uns geliebt, die Lachenden! Aber er haßte und höhnte uns, Heulen und Zähneklappern verhieß er uns.

Muß man denn gleich fluchen, wo man nicht liebt? Das – dünkt mich ein schlechter Geschmack. Aber so tat er, dieser Unbedingte. Er kam vom Pöbel.

Und er selber liebte nur nicht genug: sonst hätte er weniger gezürnt, daß man ihn nicht liebe. Alle große Liebe will nicht Liebe: – die will mehr.

Geht aus dem Wege allen solchen Unbedingten! Das ist eine arme kranke Art, eine Pöbel-Art: sie sehn schlimm diesem Leben zu, sie haben den bösen Blick für diese Erde.

Geht aus dem Wege allen solchen Unbedingten! Sie haben schwere Füße und schwüle Herzen: – sie wissen nicht zu tanzen. Wie möchte Solchen wohl die Erde leicht sein!

Krumm kommen alle guten Dinge ihrem Ziele nahe. Gleich Katzen machen sie Buckel, sie schnurren innewendig vor ihrem nahen Glücke, – alle guten Dinge lachen.

Der Schritt verrät, ob Einer schon auf *seiner* Bahn schreitet: so seht mich gehn! Wer aber seinem Ziel nahe kommt, der tanzt.

Und, wahrlich, zum Standbild ward ich nicht, noch

stehe ich nicht da, starr, stumpf, steinern, eine Säule; ich liebe geschwindes Laufen.

Und wenn es auf Erden auch Moor und dicke Trübsal gibt: wer leichte Füße hat, läuft über Schlamm noch hinweg und tanzt wie auf gefegtem Eise.

Erhebt eure Herzen, meine Brüder, hoch! höher! Und vergeßt mir auch die Beine nicht! Erhebt auch eure Beine, ihr guten Tänzer, und besser noch: ihr steht auch auf dem Kopf!

Diese Krone des Lachenden, diese Rosenkranz-Krone: ich selber setzte mir diese Krone auf, ich selber sprach heilig mein Gelächter. Keinen anderen fand ich heute stark genug dazu.

Zarathustra der Tänzer, Zarathustra der Leichte, der mit den Flügeln winkt, ein Flugbereiter, allen Vögeln zuwinkend, bereit und fertig, ein Selig-Leichtfertiger: –

Zarathustra der Wahrsager, Zarathustra der Wahrlacher, kein Ungeduldiger, kein Unbedingter, einer, der Sprünge und Seitensprünge liebt; ich selber setzte mir diese Krone auf!

Erhebt eure Herzen, meine Brüder, hoch! höher! Und vergeßt mir auch die Beine nicht! Erhebt auch eure Beine, ihr guten Tänzer, und besser noch: ihr steht auch auf dem Kopf!

Es gibt auch im Glück schweres Getier, es gibt Plumpfüßler von Anbeginn. Wunderlich mühn sie sich ab, einem Elefanten gleich, der sich müht auf dem Kopf zu stehn.

Besser aber noch närrisch sein vor Glücke als närrisch

vor Unglücke, besser plump tanzen als lahm gehn. So lernt mir doch meine Weisheit ab: auch das schlimmste Ding hat zwei gute Kehrseiten, –

– auch das schlimmste Ding hat gute Tanzbeine: so lernt mir doch euch selbst, ihr höheren Menschen, auf eure rechten Beine stellen!

So verlernt mir doch Trübsal-Blasen und alle Pöbel-Traurigkeit! Oh wie traurig dünken mich heute des Pöbels Hanswürste noch! Dies Heute aber ist des Pöbels.

Dem Winde tut mir gleich, wenn er aus seinen Berghöhlen stürzt: nach seiner eignen Pfeife will er tanzen, die Meere zittern und hüpfen unter seinen Fußtapfen.

Der den Eseln Flügel gibt, der Löwinnen melkt, gelobt sei dieser gute unbändige Geist, der allem Heute und allem Pöbel wie ein Sturmwind kommt, –

– der Distel- und Tiftelköpfen feind ist und allen welken Blättern und Unkräutern: gelobt sei dieser wilde gute freie Sturmgeist, welcher auf Mooren und Trübsalen wie auf Wiesen tanzt!

Der die Pöbel-Schwindhunde haßt und alles mißratene düstere Gezücht: gelobt sei dieser Geist aller freien Geister, der lachende Sturm, welcher allen Schwarzsichtigen, Schwärsüchtigen Staub in die Augen bläst!

Ihr höheren Menschen, euer Schlimmstes ist: ihr lerntet alle nicht tanzen, wie man tanzen muß – über euch hinweg tanzen! Was liegt daran, daß ihr mißrietet!

Wie vieles ist noch möglich! So *lernt* doch über euch hinweg lachen! Erhebt eure Herzen, ihr guten Tänzer, hoch! höher! Und vergeßt mir auch das gute Lachen nicht!

Diese Krone des Lachenden, diese Rosenkranz-

Krone: euch, meinen Brüdern, werfe ich diese Krone zu! Das Lachen sprach ich heilig; ihr höheren Menschen, lernt mir – lachen!

Seines Todes ist man gewiß:
warum wollte man nicht heiter sein?

Vielleicht weiß ich am besten, warum der Mensch allein lacht: er allein leidet so tief, daß er das Lachen erfinden mußte. Das unglückliche und melancholische Tier ist, wie billig, das heiterste.

Immer melancholisch – aber ein Prinzip der Tapferkeit von Kindheit an macht, daß ich viele kleine Siege habe und infolgedessen heiterer bin als es meiner Mel⟨ancholie⟩ geziemt.

»Der Held ist heiter« – das entging bisher den Tragödiendichtern.

Hier, in dieser höchsten Gefahr des Willens, naht sich, als rettende, heilkundige Zauberin, die Kunst; sie allein vermag jene Ekelgedanken über das Entsetzliche oder Absurde des Daseins in Vorstellungen umzubiegen, mit denen sich leben läßt: diese sind das Erhabene als die künstlerische Bändigung des Entsetzlichen und das Komische als die künstlerische Entladung vom Ekel des Absurden. Der Satyrchor des Dithyrambus ist die rettende Tat der griechischen Kunst; an der Mittelwelt dieser dionysischen Begleiter erschöpften sich jene vorhin beschriebenen Anwandlungen.

Die Lehrer vom Zwecke des Daseins. – Ich mag nun mit gutem oder bösem Blicke auf die Menschen sehen, ich finde sie immer bei Einer Aufgabe, Alle und jeden Einzelnen insonderheit: Das zu tun, was der Erhaltung der menschlichen Gattung frommt. Und zwar wahrlich nicht aus einem Gefühl der Liebe für diese Gattung, sondern einfach, weil Nichts in ihnen älter, stärker, unerbittlicher, unüberwindlicher ist, als jener Instinkt, – weil dieser Instinkt eben das Wesen unserer Art und Herde ist. Ob man schon schnell genug mit der üblichen Kurzsichtigkeit auf fünf Schritt hin seine Nächsten säuberlich in nützliche und schädliche, gute und böse Menschen auseinander zu tun pflegt, bei einer Abrechnung im Großen, bei einem längeren Nachdenken über das Ganze wird man gegen dieses Säubern und Auseinandertun mißtrauisch und läßt es endlich sein. Auch der schädlichste Mensch ist vielleicht immer noch der allernützlichste, in Hinsicht auf die Erhaltung der Art; denn er unterhält bei sich oder, durch seine Wirkung, bei anderen Triebe, ohne welche die Menschheit längst erschlafft oder verfault wäre. Der Haß, die Schadenfreude, die Raub- und Herrschsucht und was alles sonst böse genannt wird: es gehört zu der erstaunlichen Ökonomie der Arterhaltung, freilich zu einer kostspieligen, verschwenderischen und im Ganzen höchst törichten Ökonomie: – welche aber bewiesener Maßen unser Geschlecht bisher erhalten hat. Ich weiß nicht mehr, ob du, mein lieber Mitmensch und Nächster, überhaupt zu Ungunsten der Art, also »unvernünftig« und »schlecht« leben kannst; Das, was der Art hätte schaden können, ist vielleicht seit vielen Jahrtausenden schon ausgestorben und gehört jetzt zu den Dingen, die selbst bei Gott nicht mehr möglich sind. Hänge deinen besten oder deinen schlechtesten Begierden nach und vor allem: geh' zu Grunde! – in beidem bist du wahrscheinlich immer noch irgendwie der Förderer und Wohltäter der Menschheit und darfst dir daraufhin deine Lobredner halten – und ebenso deine Spötter! Aber du wirst nie den finden, der dich, den Einzelnen, auch in deinem Besten ganz zu verspotten verstünde, der deine grenzenlose Fliegen- und Frosch-Armseligkeit dir so genügend, wie es sich mit der Wahrheit vertrüge, zu Gemüte führen könnte! Über sich selber lachen, wie man lachen müßte, um aus der ganzen Wahrheit heraus zu lachen, – dazu hatten bisher die Besten nicht genug Wahrheitssinn und die Begabtesten viel zu wenig Genie! Es gibt vielleicht auch für das Lachen noch eine Zukunft! Dann, wenn der Satz »die Art ist Alles, Einer ist immer Keiner« – sich der Menschheit einverleibt hat und Jedem jederzeit der Zugang zu dieser letzten Befreiung und Unverantwortlichkeit offen steht. Vielleicht wird sich dann das Lachen mit der Weisheit verbündet haben, vielleicht gibt es dann nur noch »fröhliche Wissenschaft«. Einstweilen ist es noch ganz anders, einstweilen ist die Komödie des Daseins sich selber noch nicht »bewußt geworden«, einstweilen ist es immer noch die Zeit der Tragödie, die Zeit der Moralen und Religionen. Was bedeutet das immer neue Erscheinen jener Stifter der Moralen und Religionen, jener Urheber des Kampfes um sittliche Schätzungen, jener Lehrer der Gewissensbisse und der Religionskriege? Was bedeuten diese Helden auf dieser Bühne? Denn es waren bisher die Helden derselben, und alles Übrige, zeitweilig allein Sichtbare und Allzunahe, hat immer nur zur Vorbereitung dieser Helden gedient, sei es als Maschinerie und Kulisse oder in der Rolle von Vertrauten und Kammerdienern. (Die Poeten zum Beispiel waren immer die Kammerdiener irgend einer Moral.) – Es versteht sich von selber, daß auch diese Tragöden im Interesse der Art arbeiten, wenn sie auch glauben mögen, im Interesse Gottes und als Sendlinge Gottes zu arbeiten. Auch sie fördern das Leben der Gattung, indem sie den Glauben an das Leben fördern. »Es ist wert zu leben« – so ruft ein jeder von ihnen – »es hat etwas auf sich mit diesem Leben, das Leben hat etwas hinter sich, unter sich, nehmt euch in acht!« Jener Trieb, welcher in den höchsten und gemeinsten Menschen gleichmäßig waltet, der Trieb der Arterhaltung, bricht von Zeit zu Zeit als Vernunft und Leidenschaft des Geistes hervor; er hat dann ein glänzendes Gefolge von Gründen um sich und will mit aller Gewalt vergessen machen, daß er im Grunde Trieb, Instinkt, Torheit, Grundlosigkeit ist. Das Leben soll geliebt werden, denn! Der Mensch soll sich und seinen Nächsten fördern, denn! Und wie alle diese Soll's und Denn's heißen und in Zukunft noch heißen mögen! Damit Das, was notwendig und immer, von sich aus und ohne allen Zweck geschieht, von jetzt an auf einen Zweck hin getan erscheine und dem Menschen als Vernunft und letztes Gebot einleuchte, – dazu tritt der ethische Lehrer auf, als der Lehrer vom Zweck des Daseins; dazu erfindet er ein zweites und anderes Dasein und hebt mittelst seiner neuen Mechanik dieses alte gemeine Dasein aus seinen alten gemeinen Angeln. Ja! er will durchaus nicht, daß wir über das Dasein lachen, noch auch über uns, – noch auch über ihn; für ihn ist Einer immer Einer, etwas Erstes und Letztes und Ungeheures, für ihn gibt es keine Art, keine Summen, keine Nullen. Wie töricht und schwärmerisch auch seine Erfindungen und Schätzungen sein mögen, wie sehr er den Gang der Natur verkennt und ihre Bedingungen verleugnet: – und alle Ethiken waren zeither bis zu dem Grade töricht und widernatürlich, daß an jeder von ihnen die Menschheit zu Grunde gegangen sein würde, falls sie sich der Menschheit bemächtigt hätte – immerhin! jedesmal wenn »der Held« auf die Bühne trat, wurde etwas Neues erreicht, das schauerliche Gegenstück des Lachens, jene tiefe Erschütterung vieler Einzelner bei dem Gedanken: »ja, es ist wert zu leben! ja, ich bin wert zu leben!« – das Leben und ich und du und wir alle einander wurden uns wieder einmal für einige Zeit interessant. – Es ist nicht zu leugnen, daß auf die Dauer über jeden Einzelnen dieser großen Zwecklehrer bisher das Lachen und die Vernunft und die Natur Herr geworden ist: die kurze Tragödie ging schließlich immer in die ewige Komödie des Daseins über und zurück, und die »Wellen unzähligen Gelächters« – mit Aeschylus zu reden – müssen zuletzt auch über den größten dieser Tragöden noch hinwegschlagen. Aber bei alle diesem korrigierenden Lachen ist im Ganzen doch durch dies immer neue Erscheinen jener Lehrer vom Zweck des Daseins die menschliche Natur verändert worden, – sie hat jetzt ein Bedürfnis mehr, eben das Bedürfnis nach dem immer neuen Erscheinen solcher Lehrer und Lehren vom »Zweck«. Der Mensch ist allmählich zu einem phantastischen Tiere geworden, welches eine Existenz-Bedingung mehr, als jedes andere Tier, zu erfüllen hat: der Mensch muß von Zeit zu Zeit glauben, zu wissen, warum er existiert, seine Gattung kann nicht gedeihen ohne ein periodisches Zutrauen zu dem Leben! Ohne Glauben an die Vernunft im Leben! Und immer wieder wird von Zeit zu Zeit das menschliche Geschlecht dekretieren: »Es gibt etwas, über das absolut nicht mehr gelacht werden darf!« Und der vorsichtigste Menschenfreund wird hinzufügen: »Nicht nur das Lachen und die fröhliche Weisheit, sondern auch das Tragische mit all seiner erhabenen Unvernunft gehört unter die Mittel und Notwendigkeiten der Arterhaltung!« – Und folglich! Folglich! Folglich! Oh versteht ihr mich, meine Brüder? Versteht ihr dieses neue Gesetz der Ebbe und Flut? Auch wir haben unsere Zeit!

Die Verleumder der Heiterkeit. – Tief vom Leben verwundete Menschen haben alle Heiterkeit verdächtigt, als ob sie immer kindlich und kindisch sei und eine Unvernunft verrate, bei deren Anblick man nur Erbarmen und Rührung empfinden könne, wie wenn ein dem Tode nahes Kind auf seinem Bette noch seine Spielsachen liebkost. Solche Menschen sehen unter allen Rosen verborgene und verhehlte Gräber; Lustbarkeiten, Getümmel, fröhliche Musik erscheint ihnen wie die entschlossene Selbsttäuschung des Schwerkranken, der noch einmal eine Minute den Rausch des Lebens schlürfen will. Aber dieses Urteil über die Heiterkeit ist nichts anderes, als deren Strahlenbrechung auf dem düsteren Grunde der Ermüdung und Krankheit: es ist selber etwas Rührendes, Unvernünftiges, zum Mitleiden Drängendes, ja sogar etwas Kindliches und Kindisches, aber aus jener zweiten Kindheit her, welche dem Alter folgt und dem Tode voranläuft.

Herkunft des Komischen. – Wenn man erwägt, daß der Mensch manche hunderttausend Jahre lang ein im höchsten Grade der Furcht zugängliches Tier war und daß alles Plötzliche, Unerwartete ihn kampfbereit, vielleicht todesbereit sein hieß, ja daß selbst später, in sozialen Verhältnissen, alle Sicherheit auf dem Erwarteten, auf dem Herkommen in Meinung und Tätigkeit beruhte, so darf man sich nicht wundern, daß bei allem Plötzlichen, Unerwarteten in Wort und Tat, wenn es ohne Gefahr und Schaden hereinbricht, der Mensch ausgelassen wird, ins Gegenteil der Furcht übergeht: das vor Angst zitternde, zusammengekrümmte Wesen schnellt empor, entfaltet sich weit, – der Mensch lacht. Diesen Übergang aus momentaner Angst in kurz dauernden Übermut nennt man das Komische. Dagegen geht im Phänomen des Tragischen der Mensch schnell aus großem, dauerndem Übermut in große Angst über; da aber unter Sterblichen der große dauernde Übermut viel seltener, als der Anlaß zur Angst ist, so gibt es viel mehr des Komischen, als des Tragischen in der Welt; man lacht viel öfter, als daß man erschüttert ist.

Zunehmende Severität der Welt. – Je höher die Kultur eines Menschen steigt, um so mehr Gebiete entziehen sich dem Scherz, dem Spotte. Voltaire war für die Erfindung der Ehe und der Kirche von Herzen dem Himmel dankbar: als welcher damit so gut für unsere Aufheiterung gesorgt habe. Aber er und seine Zeit, und vor ihm das sechszehnte Jahrhundert, haben diese Themen zu Ende gespottet; es ist alles, was jetzt einer auf diesem Gebiete noch witzelt, verspätet und vor allem gar zu wohlfeil, als daß es die Käufer begehrlich machen könnte. Jetzt fragt man nach den Ursachen; es ist das Zeitalter des Ernstes. Wem liegt jetzt noch daran, die Differenzen zwischen Wirklichkeit und anspruchsvollem Schein, zwischen dem, was der Mensch ist und was er vorstellen will, in scherzhaftem Lichte zu sehen; das Gefühl dieser Kontraste wirkt alsbald ganz anders, wenn man nach den Gründen sucht. Je gründlicher jemand das Leben versteht, desto weniger wird er spotten, nur daß er zuletzt vielleicht noch über die »Gründlichkeit seines Verstehens« spottet.

Freude am Unsinn. – Wie kann der Mensch Freude am Unsinn haben? So weit nämlich auf der Welt gelacht wird, ist dies der Fall; ja man kann sagen, fast überall wo es Glück gibt, gibt es Freude am Unsinn. Das Umwerfen der Erfahrung ins Gegenteil, des Zweckmäßigen ins Zwecklose, des Notwendigen ins Beliebige, doch so, daß dieser Vorgang keinen Schaden macht und nur einmal aus Übermut vorgestellt wird, ergötzt, denn es befreit uns momentan von dem Zwange des Notwendigen, Zweckmäßigen und Erfahrungsgemäßen, in denen wir für gewöhnlich unsere unerbittlichen Herren sehen; wir spielen und lachen dann, wenn das Erwartete (das gewöhnlich bange macht und spannt) sich, ohne zu schädigen, entladet. Es ist die Freude der Sklaven am Saturnalienfeste.

Ernst nehmen. – Der Intellekt ist bei den allermeisten eine schwerfällige, finstere und knarrende Maschine, welche übel in Gang zu bringen ist: sie nennen es »die Sache ernst nehmen«, wenn sie mit dieser Maschine arbeiten und gut denken wollen – o wie lästig muß ihnen das Gut-Denken sein! Die liebliche Bestie Mensch verliert jedesmal, wie es scheint, die gute Laune, wenn sie gut denkt; sie wird »ernst«! Und »wo Lachen und Fröhlichkeit ist, da taugt das Denken nichts«: – so lautet das Vorurteil dieser ernsten Bestie gegen alle »fröhliche Wissenschaft«. – Wohlan! Zeigen wir, daß es ein Vorurteil ist!

Schlußreim

Eine ernste Kunst ist Lachen
Soll ich's morgen besser machen,
Sagt mir: macht' ich's heute gut?
Kam der Funke stets vom Herzen?
Wenig taugt der Kopf zum Scherzen,
Glüht im Herzen nicht die Glut.

Wagt's mit meiner Kost, ihr Esser!
Morgen schmeckt sie euch schon besser,
Und schon übermorgen – gut!
Wollt ihr dann noch mehr, so machen
Meine alten sieben Sachen
Mir zu sieben neuen Mut.

II

Die fröhliche Wissenschaft

Schreibkugel ist ein Ding gleich mir: von Eisen
Und doch leicht zu verdrehn zumal auf Reisen.
Geduld und Takt muß reichlich man besitzen
Und feine Fingerchen, uns zu benützen.

Angesichts eines gelehrten Buches. – Wir gehören nicht zu denen, die erst zwischen Büchern, auf den Anstoß von Büchern zu Gedanken kommen – unsre Gewohnheit ist, im Freien zu denken, gehend, springend, steigend, tanzend, am liebsten auf einsamen Bergen oder dicht am Meere, da wo selbst die Wege nachdenklich werden. Unsre ersten Wertfragen, in bezug auf Buch, Mensch und Musik, lauten: »kann er gehen? mehr noch, kann er tanzen?« ... Wir lesen selten, wir lesen darum nicht schlechter – oh wie rasch erraten wir's, wie einer auf seine Gedanken gekommen ist, ob sitzend, vor dem Tintenfaß, mit zusammengedrücktem Bauche, den Kopf über das Papier gebeugt: oh wie rasch sind wir auch mit seinem Buche fertig! Das geklemmte Eingeweide verrät sich, darauf darf man wetten, ebenso wie sich Stubenluft, Stubendecke, Stubenenge verrät. – Das waren meine Gefühle, als ich eben ein rechtschaffnes gelehrtes Buch zuschlug, dankbar, sehr dankbar, aber auch erleichtert ... An dem Buche eines Gelehrten ist fast immer auch etwas Drückendes, Gedrücktes: der »Spezialist« kommt irgendwo zum Vorschein, sein Eifer, sein Ernst, sein Ingrimm, seine Überschätzung des Winkels, in dem er sitzt und spinnt, sein Buckel, – jeder Spezialist hat seinen Buckel. Ein Gelehrten-Buch spiegelt immer auch eine krummgezogene Seele: jedes Handwerk zieht krumm.

Man sehe seine Freunde wieder, mit denen man jung war, nachdem sie Besitz von ihrer Wissenschaft ergriffen haben: ach, wie auch immer das Umgekehrte geschehn ist! Ach, wie sie selbst auf immer nunmehr von ihr besetzt und besessen sind! In ihre Ecke eingewachsen, verdrückt bis zur Unkenntlichkeit, unfrei, um ihr Gleichgewicht gebracht, abgemagert und eckig überall, nur an Einer Stelle ausbündig rund, – man ist bewegt und schweigt, wenn man sie so wiederfindet. Jedes Handwerk, gesetzt selbst, daß es einen goldenen Boden hat, hat über sich auch eine bleierne Decke, die auf die Seele drückt und drückt, bis sie wunderlich und krumm gedrückt ist. Daran ist nichts zu ändern. Man glaube ja nicht, daß es möglich sei, um diese Verunstaltung durch irgendwelche Künste der Erziehung herumzukommen. Jede Art Meisterschaft zahlt sich teuer auf Erden, wo vielleicht alles sich zu teuer zahlt; man ist Mann seines Fachs um den Preis, auch das Opfer seines Fachs zu sein. Aber ihr wollt es anders haben – »billiger«, vor allem bequemer – nicht wahr, meine Herren Zeitgenossen? Nun wohlan! Aber da bekommt ihr sofort auch etwas anderes, nämlich statt des Handwerkers und Meisters den Literaten, den gewandten »vielgewendeten« Literaten, dem freilich der Buckel fehlt – jenen abgerechnet, den er vor euch macht, als der Ladendiener des Geistes und »Träger« der Bildung –, den Literaten, der eigentlich Nichts ist, aber fast Alles »repräsentiert«, der den Sachkenner spielt und »vertritt«, der es auch in aller Bescheidenheit auf sich nimmt, sich an dessen Stelle bezahlt, geehrt, gefeiert zu machen. – Nein, meine gelehrten Freunde! Ich segne euch auch noch um eures Buckels willen!

Der Philologische Verein (Nietzsche vorne links)
Foto Winter 1866/67

Aus einer Doktor-Promotion. – »Was ist die Aufgabe alles höheren Schulwesens?« – Aus dem Menschen eine Maschine zu machen. – »Was ist das Mittel dazu?« – Er muß lernen, sich langweilen. – »Wie erreicht man das?« – Durch den Begriff der Pflicht. – »Wer ist sein Vorbild dafür?« – Der Philolog: der lehrt ochsen. – »Wer ist der vollkommene Mensch?« – Der Staats-Beamte. – »Welche Philosophie gibt die höchste Formel für den Staats-Beamten?« – Die Kants: der Staats-Beamte als Ding an sich zum Richter gesetzt über den Staats-Beamten als Erscheinung. –

Der Gelehrte, der im Grunde nur noch Bücher »wälzt« – der Philologe mit mäßigem Ansatz des Tags ungefähr 200 – verliert zuletzt ganz und gar das Vermögen, von sich aus zu denken. Wälzt er nicht, so denkt er nicht. Er antwortet auf einen Reiz (– einen gelesenen Gedanken), wenn er denkt, – er reagiert zuletzt bloß noch. Der Gelehrte gibt seine ganze Kraft im Ja- und Neinsagen, in der Kritik von bereits Gedachtem ab, – er selber denkt nicht mehr ... Der Instinkt der Selbstverteidigung ist bei ihm mürbe geworden; im andren Falle würde er sich gegen Bücher wehren. Der Gelehrte – ein décadent. – Das habe ich mit Augen gesehn: begabte, reich und frei angelegte Naturen schon in den dreißiger Jahren »zu Schanden gelesen«, bloß noch Streichhölzer, die man reiben muß, damit sie Funken – »Gedanken« geben. – Frühmorgens beim Anbruch des Tags, in aller Frische, in der Morgenröte seiner Kraft, ein Buch lesen – das nenne ich lasterhaft! – –

Ein großer Gelehrter und ein großer Flachkopf – das geht schon leichter miteinander unter Einem Hute.

Ein Amt ist gut: man legt es zwischen sich und die Menschen, und so hat man sein ruhiges und listiges Versteck und kann tun und sagen, was jedermann von uns zu erwarten für sein Recht hält. Auch ein frühzeitiger Ruhm kann so benutzt werden: vorausgesetzt, daß hinter ihm, unhörbar, unser eigenes Selbst wieder mit sich frei spielen und über sich lachen kann.

Die Werke des deutschen Genies halten sich nicht, wenn sie ins Ausland kommen: sie müssen wie die italiänischen Weine an Ort und Stelle getrunken werden.

Nun betrachte man aber gar den historischen Studenten, den Erben einer allzufrühen, fast im Knabenalter schon sichtbar gewordenen Blasiertheit. Jetzt ist ihm die »Methode« zu eigener Arbeit, der rechte Griff und der vornehme Ton nach des Meisters Manier zu eigen geworden; ein ganz isoliertes Kapitelchen der Vergangenheit ist seinem Scharfsinn und der erlernten Methode zum Opfer gefallen; er hat bereits produciert, ja mit stolzerem Worte, er hat »geschaffen«, er ist nun Diener der Wahrheit durch die Tat und Herr im historischen Weltbereiche geworden. War er schon als Knabe »fertig«, so ist er nun bereits überfertig: man braucht an ihm nur zu schütteln, so fällt einem die Weisheit mit Geprassel in den Schoß; doch die Weisheit ist faul und jeder Apfel hat seinen Wurm. Glaubt es mir: wenn die Menschen in der wissenschaftlichen Fabrik arbeiten und nutzbar werden sollen, bevor sie reif sind, so ist in kurzem die Wissenschaft ebenso ruiniert, wie die allzuzeitig in dieser Fabrik verwendeten Sklaven. Ich bedaure, daß man schon nötig hat, sich des sprachlichen Jargons der Sklavenhalter und Arbeitgeber zur Bezeichnung solcher Verhältnisse zu bedienen, die an sich frei von Utilitäten, enthoben der Lebensnot gedacht werden sollten: aber unwillkürlich drängen sich die Worte »Fabrik, Arbeitsmarkt, Angebot, Nutzbarmachung« – und wie all die Hülfszeitwörter des Egoismus lauten – auf die Lippen, wenn man die jüngste Generation der Gelehrten schildern will. Die gediegene Mittelmäßigkeit wird immer mittelmäßiger, die Wissenschaft im ökonomischen Sinne immer nutzbarer. Eigentlich sind die allerneuesten Gelehrten nur in Einem Punkte weise, darin freilich weiser als alle Menschen der Vergangenheit, in allen übrigen Punkten nur unendlich anders – vorsichtig gesprochen – als alle Gelehrten alten Schlags. Trotzdem fordern sie Ehren und Vorteile für sich ein, als ob der Staat und die öffentliche Meinung verpflichtet wären, die neuen Münzen für eben so voll zu nehmen wie die alten. Die Kärrner haben unter sich einen Arbeitsvertrag gemacht und das Genie als überflüssig dekretiert – dadurch daß jeder Kärrner zum Genie umgestempelt wird: wahrscheinlich wird es eine spätere Zeit ihren Bauten ansehen, daß sie zusammengekarrt, nicht zusammengebaut sind. Denen, die unermüdlich den modernen Schlacht- und Opferruf »Teilung der Arbeit! In Reih' und Glied!« im Munde führen, ist einmal klärlich und rund zu sagen: wollt ihr die Wissenschaft möglichst schnell fördern, so werdet ihr sie auch möglichst schnell vernichten; wie euch die Henne zu Grunde geht, die ihr künstlich zum allzuschnellen Eierlegen zwingt. Gut, die Wissenschaft ist in den letzten Jahrzehnten erstaunlich schnell gefördert worden: aber seht euch nun auch die Gelehrten, die erschöpften Hennen an. Es sind wahrhaftig keine »harmonischen« Naturen: nur gackern können sie mehr als je, weil sie öfter Eier legen: freilich sind auch die Eier immer kleiner (obzwar die Bücher immer dicker) geworden.

Vom Lande der Bildung

Zu weit hinein flog ich in die Zukunft: ein Grauen überfiel mich.

Und als ich um mich sah, siehe! da war die Zeit mein einziger Zeitgenosse.

Da floh ich rückwärts, heimwärts – und immer eilender: so kam ich zu euch, ihr Gegenwärtigen, und ins Land der Bildung.

Zum ersten Male brachte ich ein Auge mit für euch, und gute Begierde: wahrlich, mit Sehnsucht im Herzen kam ich.

Aber wie geschah mir? So angst mir auch war, – ich mußte lachen! Nie sah mein Auge etwas so Buntgesprenkeltes!

Ich lachte und lachte, während der Fuß mir noch zitterte und das Herz dazu: »Hier ist ja die Heimat aller Farbentöpfe!« – sagte ich.

Mit fünfzig Klecksen bemalt an Gesicht und Gliedern: so saßet ihr da zu meinem Staunen, ihr Gegenwärtigen!

Und mit fünfzig Spiegeln um euch, die eurem Farbenspiele schmeichelten und nachredeten!

Wahrlich, ihr könntet gar keine bessere Maske tragen, ihr Gegenwärtigen, als euer eignes Gesicht ist! Wer könnte euch – erkennen!

Vollgeschrieben mit den Zeichen der Vergangenheit,

und auch diese Zeichen überpinselt mit neuen Zeichen: also habt ihr euch gut versteckt vor allen Zeichendeutern!

Und wenn man auch Nierenprüfer ist: wer glaubt wohl noch, daß ihr Nieren habt! Aus Farben scheint ihr gebacken und aus geleimten Zetteln.

Alle Zeiten und Völker blicken bunt aus euren Schleiern; alle Sitten und Glauben reden bunt aus euren Gebärden.

Wer von euch Schleier und Überwürfe und Farben und Gebärden abzöge: gerade genug würde er übrig behalten, um die Vögel damit zu erschrecken.

Wahrlich, ich selber bin der erschreckte Vogel, der euch einmal nackt sah und ohne Farbe; und ich flog davon, als das Gerippe mir Liebe zuwinkte.

Lieber wollte ich doch noch Tagelöhner sein in der Unterwelt und bei den Schatten des Ehemals! – feister und voller als ihr sind ja noch die Unterweltlichen!

Dies, ja dies ist Bitternis meinen Gedärmen, daß ich euch weder nackt, noch bekleidet aushalte, ihr Gegenwärtigen!

Alles Unheimliche der Zukunft, und was je verflogenen Vögeln Schauder machte, ist wahrlich heimlicher noch und traulicher als eure »Wirklichkeit«.

Denn so sprecht ihr: »Wirkliche sind wir ganz, und ohne Glauben und Aberglauben«: also brüstet ihr euch – ach, auch noch ohne Brüste!

Ja, wie solltet ihr glauben können, ihr Buntgesprenkelten! – die ihr Gemälde seid von allem, was je geglaubt wurde!

Wandelnde Widerlegungen seid ihr des Glaubens selber, und aller Gedanken Gliederbrechen. Unglaubwürdige: also heiße ich euch, ihr Wirklichen!

Alle Zeiten schwätzen widereinander in euren Geistern; und aller Zeiten Träume und Geschwätz waren wirklicher noch als euer Wachsein ist!

Unfruchtbare seid ihr: darum fehlt es euch an Glauben. Aber wer schaffen mußte, der hatte auch immer seine Wahr-Träume und Stern-Zeichen – und glaubte an Glauben! –

Halboffne Tore seid ihr, an denen Totengräber warten. Und das ist eure Wirklichkeit: »Alles ist wert, daß es zu Grunde geht.«

Ach, wie ihr mir dasteht, ihr Unfruchtbaren, wie mager in den Rippen! Und mancher von euch hatte wohl dessen selber ein Einsehen.

Und er sprach: »Es hat wohl da ein Gott, als ich schlief, mir heimlich etwas entwendet? Wahrlich, genug, sich ein Weibchen daraus zu bilden!

Wundersam ist die Armut meiner Rippen!« also sprach schon mancher Gegenwärtige.

Ja, zum Lachen seid ihr mir, ihr Gegenwärtigen! Und sonderlich, wenn ihr euch über euch selber wundert!

Und wehe mir, wenn ich nicht lachen könnte über eure Verwunderung, und alles Widrige aus euren Näpfen hinunter trinken müßte!

So aber will ich's mit euch leichter nehmen, da ich Schweres zu tragen habe; und was tut's mir, wenn sich Käfer und Flügelwürmer noch auf mein Bündel setzen!

Wahrlich, es soll mir darob nicht schwerer werden! Und nicht aus euch, ihr Gegenwärtigen, soll mir die große Müdigkeit kommen. –

Ach, wohin soll ich nun noch steigen mit meiner Sehnsucht! Von allen Bergen schaue ich aus nach Vater- und Mutterländern.

Aber Heimat fand ich nirgends: unstät bin ich in allen Städten und ein Aufbruch an allen Toren.

Fremd sind mir und ein Spott die Gegenwärtigen, zu

denen mich jüngst das Herz trieb; und vertrieben bin ich aus Vater- und Mutterländern.

So liebe ich allein noch meiner Kinder Land, das unentdeckte, im fernsten Meere: nach ihm heiße ich meine Segel suchen und suchen.

An meinen Kindern will ich es gut machen, daß ich meiner Väter Kind bin: und an aller Zukunft – diese Gegenwart!

Also sprach Zarathustra.

Von den Gelehrten

Als ich im Schlafe lag, da fraß ein Schaf am Efeukranze meines Hauptes, – fraß und sprach dazu: »Zarathustra ist kein Gelehrter mehr.«

Sprach's und ging stotzig davon und stolz. Ein Kind erzählte mir's.

Gerne liege ich hier, wo die Kinder spielen, an der zerbrochnen Mauer, unter Disteln und roten Mohnblumen.

Ein Gelehrter bin ich den Kindern noch und auch den Disteln und roten Mohnblumen. Unschuldig sind sie, selbst noch in ihrer Bosheit.

Aber den Schafen bin ich's nicht mehr: so will es mein Los – gesegnet sei es!

Denn dies ist die Wahrheit: ausgezogen bin ich aus dem Hause der Gelehrten: und die Tür habe ich noch hinter mir zugeworfen.

Zu lange saß meine Seele hungrig an ihrem Tische; nicht, gleich ihnen, bin ich auf das Erkennen abgerichtet wie auf das Nüsseknacken.

Freiheit liebe ich und die Luft über frischer Erde; lieber noch will ich auf Ochsenhäuten schlafen, als auf ihren Würden und Achtbarkeiten.

Ich bin zu heiß und verbrannt von eigenen Gedanken: oft will es mir den Atem nehmen. Da muß ich ins Freie und weg aus allen verstaubten Stuben.

Aber sie sitzen kühl in kühlem Schatten: sie wollen in allem nur Zuschauer sein und hüten sich dort zu sitzen, wo die Sonne auf die Stufen brennt.

Gleich solchen, die auf der Straße stehn und die Leute angaffen, welche vorübergehn: also warten sie auch und gaffen Gedanken an, die andre gedacht haben.

Greift man sie mit Händen, so stäuben sie um sich gleich Mehlsäcken, und unfreiwillig: aber wer erriete wohl, daß ihr Staub vom Korne stammt und von der gelben Wonne der Sommerfelder?

Geben sie sich weise, so fröstelt mich ihrer kleinen Sprüche und Wahrheiten: ein Geruch ist oft an ihrer Weisheit, als ob sie aus dem Sumpfe stamme: und wahrlich, ich hörte auch schon den Frosch aus ihr quaken!

Geschickt sind sie, sie haben kluge Finger: was will *meine* Einfalt bei ihrer Vielfalt! Alles Fädeln und Knüpfen und Weben verstehn ihre Finger: also wirken sie die Strümpfe des Geistes!

Gute Uhrwerke sind sie: nur sorge man, sie richtig aufzuziehn! Dann zeigen sie ohne Falsch die Stunde an und machen einen bescheidnen Lärm dabei.

Gleich Mühlwerken arbeiten sie und Stampfen: man werfe ihnen nur seine Fruchtkörner zu! – sie wissen schon, Korn klein zu mahlen und weißen Staub daraus zu machen.

Sie sehen einander gut auf die Finger und trauen sich nicht zum Besten. Erfinderisch in kleinen Schlauheiten warten sie auf solche, deren Wissen auf lahmen Füßen geht, – gleich Spinnen warten sie.

Ich sah sie immer mit Vorsicht Gift bereiten; und immer zogen sie gläserne Handschuhe dabei an ihre Finger.

Auch mit falschen Würfeln wissen sie zu spielen; und so eifrig fand ich sie spielen, daß sie dabei schwitzten.

Wir sind einander fremd, und ihre Tugenden gehn mir noch mehr wider den Geschmack, als ihre Falschheiten und falschen Würfel.

Und als ich bei ihnen wohnte, da wohnte ich über ihnen. Darüber wurden sie mir gram.

Sie wollen Nichts davon hören, daß Einer über ihren Köpfen wandelt; und so legten sie Holz und Erde und Unrat zwischen mich und ihre Köpfe.

Also dämpften sie den Schall meiner Schritte: und am schlechtesten wurde ich bisher von den Gelehrtesten gehört.

Aller Menschen Fehl und Schwäche legten sie zwischen sich und mich: – »Fehlboden« heißen sie das in ihren Häusern.

Aber trotzdem wandele ich mit meinen Gedanken über ihren Köpfen; und selbst, wenn ich auf meinen eignen Fehlern wandeln wollte, würde ich noch über ihnen sein und ihren Köpfen.

Denn die Menschen sind nicht gleich: so spricht die Gerechtigkeit. Und was ich will, dürften sie nicht wollen!

Also sprach Zarathustra.

Desperat

Fürchterlich sind meinem Sinn
Spuckende Gesellen!
Lauf ich schon, wo lauf ich hin?
Spring ich in die Wellen?

Alle Münder stets gespitzt,
Gurgelnd alle Kehlen,
Wand und Boden stets bespritzt –
Fluch auf Speichelseelen!

Lieber lebt' ich schlecht und schlicht
Vogelfrei auf Dächern,
Lieber unter Diebsgezücht,
Eid- und Ehebrechern!

Fluch der Bildung, wenn sie speit!
Fluch dem Tugendbunde!
Auch die reinste Heiligkeit
Trägt nicht Gold im Munde.

Zwei kategorische Imperative. – Gewiß! Man muß ein Knochengerüst haben – sonst hat das liebe Fleisch keinen Halt! Aber ihr Herrn ohne Fleisch, ihr Knochengerippe der Stoa, eure Predigt sollte lauten: »Man muß auch Fleisch an den Knochen haben!«

Aus der Tonne des Diogenes

»Notdurft ist wohlfeil, Glück ist ohne Preis:
Drum sitz ich statt auf Gold auf meinem Steiß.«

Timon spricht:

»Nicht zu freigebig: nur Hunde
scheißen zu jeder Stunde!«

Es klingt wie Donner, und die Atmosphäre wird doch nicht gereinigt.

III

Völker und Vaterländer

> ... so soll man sich nur ungescheut als guten Europäer ausgeben und durch die Tat an der Verschmelzung der Nationen arbeiten: wobei die Deutschen durch ihre alte bewährte Eigenschaft, Dolmetscher und Vermittler der Völker zu sein, mitzuhelfen vermögen.

Ich hörte, wieder einmal zum ersten Male – Richard Wagner's Ouverture zu den Meistersingern: das ist eine prachtvolle, überladene, schwere und späte Kunst, welche den Stolz hat, zu ihrem Verständnis zwei Jahrhunderte Musik als noch lebendig vorauszusetzen: – es ehrt die Deutschen, daß sich ein solcher Stolz nicht verrechnete! Was für Säfte und Kräfte, was für Jahreszeiten und Himmelsstriche sind hier nicht gemischt! Das mutet uns bald altertümlich, bald fremd, herb und überjung an, das ist ebenso willkürlich als pomphaft-herkömmlich, das ist nicht selten schelmisch, noch öfter derb und grob, – das hat Feuer und Mut und zugleich die schlaffe falbe Haut von Früchten, welche zu spät reif werden. Das strömt breit und voll: und plötzlich ein Augenblick unerklärlichen Zögerns, gleichsam eine Lücke, die zwischen Ursache und Wirkung aufspringt, ein Druck, der uns träumen macht, beinahe ein Alpdruck –, aber schon breitet und weitet sich wieder der alte Strom von Behagen aus, von vielfältigstem Behagen, von altem und neuem Glück, sehr eingerechnet das Glück des Künstlers an sich selber, dessen er nicht Hehl haben will, sein erstauntes glückliches Mitwissen um die Meisterschaft seiner hier verwendeten Mittel, neuer neuerworbener unausgeprobter Kunstmittel, wie er uns zu verraten scheint. Alles in allem keine Schönheit, kein Süden, nichts von südlicher feiner Helligkeit des Himmels, nichts von Grazie, kein Tanz, kaum ein Wille zur Logik; eine gewisse Plumpheit sogar, die noch unterstrichen wird, wie als ob der Künstler uns sagen wollte: »Sie gehört zu meiner Absicht«; eine schwerfällige Gewandung, etwas Willkürlich-Barbarisches und Feierliches, ein Geflirr von gelehrten und ehrwürdigen Kostbarkeiten und Spitzen; etwas Deutsches, im besten und schlimmsten Sinn des Wortes, etwas auf deutsche Art Vielfaches, Unförmliches und Unausschöpfliches; eine gewisse deutsche Mächtigkeit und Überfülle der Seele, welche keine Furcht hat, sich unter die Raffinements des Verfalls zu verstecken, – die sich dort vielleicht erst am wohlsten fühlt; ein rechtes echtes Wahrzeichen der deutschen Seele, die zugleich jung und veraltet, übermürbe und überreich noch an Zukunft ist. Diese Art Musik drückt am besten aus, was ich von den Deutschen halte: sie sind von vorgestern und von übermorgen, – sie haben noch kein Heute.

Wir »guten Europäer«: auch wir haben Stunden, wo wir uns eine herzhafte Vaterländerei, einen Plumps und Rückfall in alte Lieben und Engen gestatten – ich gab eben eine Probe davon –, Stunden nationaler Wallungen, patriotischer Beklemmungen und allerhand anderer altertümlicher Gefühls-Überschwemmungen. Schwerfälligere Geister, als wir sind, mögen mit dem, was sich bei uns auf Stunden beschränkt und in Stunden zu Ende spielt, erst in längeren Zeiträumen fertig werden, in halben Jahren die einen, in halben Menschenleben die ande-

Nietzsche als Feldartillerist
Foto 1868

ren, je nach der Schnelligkeit und Kraft, mit der sie verdauen und ihre »Stoffe wechseln«. Ja, ich könnte mir dumpfe zögernde Rassen denken, welche auch in unserm geschwinden Europa halbe Jahrhunderte nötig hätten, um solche atavistische Anfälle von Vaterländerei und Schollenkleberei zu überwinden und wieder zur Vernunft, will sagen zum »guten Europäertum« zurückzukehren. Und indem ich über diese Möglichkeit ausschweife, begegnet mir's, daß ich Ohrenzeuge eines Gesprächs von zwei alten »Patrioten« werde, – sie hörten beide offenbar schlecht und sprachen darum um so lauter. »Der hält und weiß von Philosophie so viel als ein Bauer oder Korpsstudent« – sagte der eine –: »der ist noch unschuldig. Aber was liegt heute daran! Es ist das Zeitalter der Massen: die liegen vor allem Massenhaften auf dem Bauche. Und so auch in politicis. Ein Staatsmann, der ihnen einen neuen Turm von Babel, irgend ein Ungeheuer von Reich und Macht auftürmt, heißt ihnen ›groß‹: – was liegt daran, daß wir Vorsichtigeren und Zurückhaltenderen einstweilen noch nicht vom alten Glauben lassen, es sei allein der große Gedanke, der einer Tat und Sache Größe gibt. Gesetzt, ein Staatsmann brächte sein Volk in die Lage, fürderhin ›große Politik‹ treiben zu müssen, für welche es von Natur schlecht angelegt und vorbereitet ist: so daß es nötig hätte, einer neuen zweifelhaften Mittelmäßigkeit zuliebe seine alten und sicheren Tugenden zu opfern, – gesetzt, ein Staatsmann verurteilte sein Volk zum ›Politisieren‹ überhaupt, während dasselbe bisher Besseres zu tun und zu denken hatte und im Grunde seiner Seele einen vorsichtigen Ekel vor der Unruhe, Leere und lärmenden Zankteufelei der eigentlich politisierenden Völker nicht los wurde: – gesetzt, ein solcher Staatsmann stachle die eingeschlafnen Leidenschaften und Begehrlichkeiten seines Volkes auf, mache ihm aus seiner bisherigen Schüchternheit und Lust am Danebenstehn einen Flecken, aus seiner Ausländerei und heimlichen Unendlichkeit eine Verschuldung, entwerte ihm seine herzlichsten Hänge, drehe sein Gewissen um, mache seinen Geist eng, seinen Geschmack ›national‹, – wie! ein Staatsmann, der dies alles täte, den sein Volk in alle Zukunft hinein, falls es Zukunft hat, abbüßen müßte, ein solcher Staatsmann wäre *groß*?« »Unzweifelhaft!« antwortete ihm der andere alte Patriot heftig: »Sonst hätte er es nicht *gekonnt*! Es war toll vielleicht, so etwas zu wollen? Aber vielleicht war alles Große im Anfang nur toll!« – »Mißbrauch der Worte!« schrie sein Unterredner dagegen: »– stark! stark! stark und toll! *Nicht* groß!« – Die alten Männer hatten sich ersichtlich erhitzt, als sie sich dergestalt ihre »Wahrheiten« ins Gesicht schrieen; ich aber, in meinem Glück und Jenseits, erwog, wie bald über den Starken ein Stärkerer Herr werden wird; auch daß es für die geistige Verflachung eines Volkes eine Ausgleichung gibt, nämlich durch die Vertiefung eines anderen. –

Nenne man es nun »Zivilisation« oder »Vermenschlichung« oder »Fortschritt«, worin jetzt die Auszeichnung der Europäer gesucht wird; nenne man es einfach, ohne zu loben und zu tadeln, mit einer politischen Formel die *demokratische* Bewegung Europas: hinter all den moralischen und politischen Vordergründen, auf welche mit solchen Formeln hingewiesen wird, vollzieht sich ein ungeheurer *physiologischer* Prozeß, der immer mehr in Fluß gerät, – der Prozeß einer Anähnlichung der Europäer, ihre wachsende Loslösung von den Bedingungen, unter denen klimatisch und ständisch gebundene Rassen entstehen, ihre zunehmende Unabhängigkeit von jedem bestimmten Milieu, das jahrhundertelang sich mit gleichen Forderungen in Seele und Leib einschreiben möchte, – also die langsame Heraufkunft einer wesentlich übernationalen und nomadischen Art Mensch, welche, physiologisch geredet, ein Maximum von Anpassungskunst und -kraft als ihre typische Auszeichnung besitzt. Dieser Prozeß des werdenden Europäers, welcher durch große Rückfälle im Tempo verzögert werden kann, aber vielleicht gerade damit an Vehemenz und Tiefe gewinnt und wächst – der jetzt noch wütende Sturm und Drang des »National-Gefühls« gehört hierher, insgleichen der eben heraufkommende Anarchismus –: dieser Prozeß läuft wahrscheinlich auf Resultate hinaus, auf welche seine naiven Beförderer und Lobredner, die Apostel der »modernen Ideen«, am wenigsten rechnen möchten. Dieselben neuen Bedingungen, unter denen im Durchschnitt eine Ausgleichung und Vermittelmäßigung des Menschen sich herausbilden wird – ein nützliches arbeitsames, vielfach brauchbares und anstelliges Herdentier Mensch –, sind im höchsten Grade dazu angetan, Ausnahme-Menschen der gefährlichsten und anziehendsten Qualität den Ursprung zu geben. Während nämlich jene Anpassungskraft, welche immer wechselnde Bedingungen durchprobiert und mit jedem Geschlecht, fast mit jedem Jahrzehend, eine neue Arbeit beginnt, die Mächtigkeit des Typus gar nicht möglich macht; während der Gesamt-Eindruck solcher zukünftiger Europäer wahrscheinlich der von vielfachen geschwätzigen willensarmen und äußerst anstellbaren Arbeitern sein wird, die des Herrn, des Befehlenden bedürfen wie des täglichen Brotes; während also die Demokratisierung Europas auf die Erzeugung eines zur *Sklaverei* im feinsten Sinne vorbereiteten Typus hinausläuft: wird, im Einzel- und Ausnahmefall, der *starke* Mensch stärker und reicher geraten müssen, als er vielleicht jemals bisher geraten ist, – dank der Vorurteilslosigkeit seiner Schulung, dank der ungeheuren Vielfältigkeit von Übung, Kunst und Maske. Ich wollte sagen: die Demokratisierung Europas ist zugleich eine unfreiwillige Veranstaltung zur Züchtung von *Tyrannen*, – das Wort in jedem Sinne verstanden, auch im geistigsten.

Ich höre mit Vergnügen, daß unsre Sonne in rascher Bewegung gegen das Sternbild des *Herkules* hin begriffen ist: und ich hoffe, daß der Mensch auf dieser Erde es darin der Sonne gleich tut. Und wir voran, wir guten Europäer! –

Es gab eine Zeit, wo man gewohnt war, die Deutschen mit Auszeichnung »tief« zu nennen: jetzt, wo der erfolgreichste Typus des neuen Deutschtums nach ganz andern Ehren geizt und an allem, was Tiefe hat, vielleicht die »Schneidigkeit« vermißt, ist der Zweifel beinahe zeitgemäß und patriotisch, ob man sich ehemals mit jenem Lobe nicht betrogen hat: genug, ob die deutsche Tiefe nicht im Grunde etwas Anderes und Schlimmeres ist – und etwas, das man, Gott sei Dank, mit Erfolg loszuwerden im Begriff steht. Machen wir also den Versuch, über die deutsche Tiefe umzulernen: man hat nichts dazu nötig, als ein wenig Vivisektion der deutschen Seele. – Die deutsche Seele ist vor allem vielfach, verschiedenen Ursprungs, mehr zusammen- und übereinandergesetzt, als wirklich gebaut: das liegt an ihrer Herkunft. Ein Deutscher, der sich erdreisten wollte, zu behaupten »zwei Seelen wohnen, ach! in meiner Brust« würde sich an der Wahrheit arg vergreifen, richtiger, hinter der Wahrheit um viele Seelen zurückbleiben. Als ein Volk der ungeheuerlichsten Mischung und Zusammenrührung von Rassen, vielleicht sogar mit einem Übergewicht des vor-arischen Elementes, als »Volk der Mitte« in jedem Verstande, sind die Deutschen unfaßbarer, umfänglicher, widerspruchsvoller, unbekannter, unberechenbarer, überraschender, selbst erschrecklicher, als es andere Völker sich selber sind: – sie entschlüpfen der *Definition* und sind damit schon die Verzweiflung der Franzosen. Es kennzeichnet die Deutschen, daß bei ihnen die Frage »was ist deutsch?« niemals ausstirbt. Kotzebue kannte seine Deutschen gewiß gut genug: »Wir sind erkannt« jubelten sie ihm zu, – aber auch *Sand* glaubte sie zu kennen. Jean Paul wußte, was er tat, als er sich ergrimmt gegen Fichtes verlogne, aber patriotische Schmeicheleien und Übertreibungen erklärte, – aber es ist wahrscheinlich, daß Goethe anders über die Deutschen dachte, als Jean Paul, wenn er ihm auch in Betreff Fichtens recht gab. Was Goethe eigentlich über die Deutschen gedacht hat? – Aber er hat über viele Dinge um sich herum nie deutlich geredet und verstand sich zeitlebens auf das feine Schweigen: – wahrscheinlich hatte er gute Gründe dazu. Gewiß ist, daß es nicht »die Freiheitskriege« waren, die ihn freudiger aufblicken ließen, so wenig als die französische Revolution, – das Ereignis, um dessentwillen er seinen Faust, ja das ganze Problem »Mensch« *umgedacht* hat, war das Erscheinen Napoleons. Es gibt Worte Goethes, in denen er, wie vom Auslande her, mit einer ungeduldigen Härte über das abspricht, was die Deutschen sich zu ihrem Stolze rechnen: das berühmte deutsche Gemüt definiert er einmal als

»Nachsicht mit fremden und eignen Schwächen«. Hat er damit unrecht? – es kennzeichnet die Deutschen, daß man über sie selten völlig unrecht hat. Die deutsche Seele hat Gänge und Zwischengänge in sich, es gibt in ihr Höhlen, Verstecke, Burgverliese; ihre Unordnung hat viel vom Reize des Geheimnisvollen; der Deutsche versteht sich auf die Schleichwege zum Chaos. Und wie jeglich Ding sein Gleichnis liebt, so liebt der Deutsche die Wolken und alles, was unklar, werdend, dämmernd, feucht und verhängt ist: das Ungewisse, Unausgestaltete, Sich-Verschiebende, Wachsende jeder Art fühlt er als »tief«. Der Deutsche selbst *ist* nicht, er *wird*, er »entwickelt sich«. »Entwicklung« ist deshalb der eigentlich deutsche Fund und Wurf im großen Reich philosophischer Formeln: – ein regierender Begriff, der, im Bunde mit deutschem Bier und deutscher Musik, daran arbeitet, ganz Europa zu verdeutschen. Die Ausländer stehen erstaunt und angezogen vor den Rätseln, die ihnen die Widerspruchs-Natur im Grunde der deutschen Seele aufgibt (welche Hegel in System gebracht, Richard Wagner zuletzt noch in Musik gesetzt hat). »Gutmütig und tückisch« – ein solches Nebeneinander, widersinnig in bezug auf jedes andre Volk, rechtfertigt sich leider zu oft in Deutschland: man lebe nur eine Zeit lang unter Schwaben! Die Schwerfälligkeit des deutschen Gelehrten, seine gesellschaftliche Abgeschmacktheit verträgt sich zum Erschrecken gut mit einer innewendigen Seiltänzerei und leichten Kühnheit, vor der bereits alle Götter das Fürchten gelernt haben. Will man die »deutsche Seele« ad oculos demonstriert, so sehe man nur in den deutschen Geschmack, in deutsche Künste und Sitten hinein: welche bäurische Gleichgültigkeit gegen »Geschmack«! Wie steht da das Edelste und Gemeinste nebeneinander! Wie unordentlich und reich ist dieser ganze Seelen-Haushalt! Der Deutsche schleppt an seiner Seele; er schleppt an allem, was er erlebt. Er verdaut seine Ereignisse schlecht, er wird nie damit »fertig«; die deutsche Tiefe ist oft nur eine schwere zögernde »Verdauung«. Und wie alle Gewohnheits-Kranken, alle Dyspeptiker den Hang zum Bequemen haben, so liebt der Deutsche die »Offenheit« und »Biederkeit«: wie bequem ist es, offen und bieder zu sein! – Es ist heute vielleicht die gefährlichste und glücklichste Verkleidung, auf die sich der Deutsche versteht, dies Zutrauliche, Entgegenkommende, Die-Karten-Aufdeckende der deutschen Redlichkeit: sie ist seine eigentliche Mephistopheles-Kunst, mit ihr kann er es »noch weit bringen«! Der Deutsche läßt sich gehen, blickt dazu mit treuen blauen leeren deutschen Augen – und sofort verwechselt das Ausland ihn mit seinem Schlafrocke! – Ich wollte sagen: mag die »deutsche Tiefe« sein, was sie will, – ganz unter uns erlauben wir uns vielleicht über sie zu lachen? – wir tun gut, ihren Anschein und guten Namen auch fürderhin in Ehren zu halten und unsern alten Ruf, als Volk der Tiefe, nicht zu billig gegen preußische »Schneidigkeit« und Berliner Witz und Sand zu veräußern. Es ist für ein Volk klug, sich für tief, für ungeschickt, für gutmütig, für redlich, für unklug gelten zu machen, gelten zu lassen: es könnte sogar – tief sein! Zuletzt: man soll seinem Namen Ehre machen, – man heißt nicht umsonst das »tiusche« Volk, das Täusche-Volk ...

Die »gute alte« Zeit ist dahin, in Mozart hat sie sich ausgesungen: – wie glücklich wir, daß zu uns sein Rokoko noch redet, daß seine »gute Gesellschaft«, sein zärtliches Schwärmen, seine Kinderlust am Chinesischen und Geschnörkelten, seine Höflichkeit des Herzens, sein Verlangen nach Zierlichem, Verliebtem, Tanzendem, Tränenseligem, sein Glaube an den Süden noch an irgendeinen Rest in uns appellieren darf! Ach, irgendwann wird es einmal damit vorbei sein! – aber wer darf zweifeln, daß es noch früher mit dem Verstehen und Schmecken Beethovens vorbei sein wird! – der ja nur der Ausklang eines Stil-Übergangs und Stil-Bruchs war und nicht, wie Mozart, der Ausklang eines großen jahrhundertelangen europäischen Geschmacks. Beethoven ist das Zwischen-Begebnis einer alten mürben Seele, die beständig zerbricht, und einer zukünftigen überjungen Seele, welche beständig kommt; auf seiner Musik liegt jenes Zwielicht von ewigem Verlieren und ewigem ausschweifendem Hoffen, – dasselbe Licht, in welchem Europa gebadet lag, als es mit Rousseau geträumt, als es um den Freiheitsbaum der Revolution getanzt und endlich vor Napoleon beinahe angebetet hatte. Aber wie schnell verbleicht jetzt gerade dies Gefühl, wie schwer ist heute schon das Wissen um dies Gefühl, – wie fremd klingt die Sprache jener Rousseau, Schiller, Shelley, Byron an unser Ohr, in denen zusammen dasselbe Schicksal Europas den Weg zum Wort gefunden hat, das in Beethoven zu singen wußte! – Was von deutscher Musik nachher gekommen ist, gehört in die Romantik, das heißt in eine, historisch gerechnet, noch kürzere, noch flüchtigere, noch oberflächlichere Bewegung, als es jener große Zwischenakt, jener Übergang Europas von Rousseau zu Napoleon und zur Heraufkunft der Demokratie war. Weber: aber was ist uns heute Freischütz und Oberon! Oder Marschners Hans Heiling und Vampyr! Oder selbst noch Wagners Tannhäuser! Das ist verklungene, wenn auch noch nicht vergessene Musik. Diese ganze Musik der Romantik war überdies nicht vornehm genug, nicht Musik genug, um auch anderswo recht zu behalten, als im Theater und vor der Menge; sie war von vornherein Musik zweiten Ranges, die unter wirklichen Musikern wenig in Betracht kam. Anders stand es mit Felix Mendelssohn, jenem halkyonischen Meister, der um seiner leichteren reineren beglückteren Seele willen schnell verehrt und ebenso schnell vergessen wurde: als der schöne Zwischenfall der deutschen Musik. Was aber Robert Schumann angeht, der es schwer nahm und von Anfang an auch schwer genommen worden ist – es ist der letzte, der eine Schule gegründet hat –: gilt es heute unter uns nicht als ein Glück, als ein Aufatmen, als eine Befreiung, daß gerade diese Schumannsche Romantik überwunden ist? Schumann, in die »sächsische Schweiz« seiner Seele flüchtend, halb Wertherisch, halb Jean-Paulisch geartet, gewiß nicht Beethovenisch! gewiß nicht Byronisch! – seine Manfred-Musik ist ein Mißgriff und Mißverständnis bis zum Unrechte –, Schumann mit seinem Geschmack, der im Grunde ein kleiner Geschmack war, (nämlich ein gefährlicher, unter Deutschen doppelt gefährlicher Hang zur stillen Lyrik und Trunkenboldigkeit des Gefühls), beständig beiseite gehend, sich scheu verziehend und zurückziehend, ein edler Zärtling, der in lauter anonymem Glück und Weh schwelgte, eine Art Mädchen und noli me tangere von Anbeginn: dieser Schumann war bereits nur noch ein deutsches Ereignis in der Musik, kein europäisches mehr, wie Beethoven es war, wie, in noch umfänglicherem Maße, Mozart es gewesen ist, – mit ihm drohte der deutschen Musik ihre größte Gefahr, die Stimme für die Seele Europas zu verlieren und zu einer bloßen Vaterländerei herabzusinken. –

– Welche Marter sind deutsch geschriebene Bücher für den, der das dritte Ohr hat! Wie unwillig steht er neben dem langsam sich drehenden Sumpfe von Klängen ohne Klang, von Rhythmen ohne Tanz, welcher bei Deutschen ein »Buch« genannt wird! Und gar der Deutsche, der Bücher liest! Wie faul, wie widerwillig, wie schlecht liest er! Wie viele Deutsche wissen es und fordern es von sich zu wissen, daß Kunst in jedem guten Satze steckt, – Kunst, die erraten sein will, sofern der Satz verstanden sein will! Ein Mißverständnis über sein Tempo zum Beispiel: und der Satz selbst ist mißverstanden! Daß man über die rhythmisch entscheidenden Silben nicht im Zweifel sein darf, daß man die Brechung der allzustrengen Symmetrie als gewollt und als Reiz fühlt, daß man jedem staccato, jedem rubato ein feines geduldiges Ohr hinhält, daß man den Sinn in der Folge der Vokale und Diphthongen rät, und wie zart und reich sie in ihrem Hintereinander sich färben und umfärben können: wer unter bücherlesenden Deutschen ist gutwillig genug, solchergestalt Pflichten und Forderungen anzuerkennen und auf so viel Kunst und Absicht in der Sprache hinzuhorchen? Man hat zuletzt eben »das Ohr nicht dafür«: und so werden die stärksten Gegensätze des Stils nicht gehört, und die feinste Künstlerschaft ist wie vor Tauben verschwendet. – Dies waren meine Gedanken, als ich merkte, wie man plump und ahnungslos zwei Meister in der Kunst der Prosa miteinander verwechselte, Einen, dem die Worte zögernd und kalt herabtropfen, wie von der Decke einer feuchten Höhle – er rechnet auf ihren dumpfen Klang und Wiederklang – und einen Anderen, der seine Sprache wie einen biegsamen Degen handhabt und vom Arme bis zur Zehe hinab das gefährliche Glück der zitternden überscharfen Klinge fühlt, welche beißen, zischen, schneiden will. –

Wie wenig der deutsche Stil mit dem Klange und mit den Ohren zu tun hat, zeigt die Tatsache, daß gerade unsre guten Musiker schlecht schreiben. Der Deutsche liest nicht laut, nicht fürs Ohr, sondern bloß mit den Augen: er hat seine Ohren dabei ins Schubfach gelegt. Der antike Mensch las, wenn er las – es geschah selten genug – sich selbst etwas vor, und zwar mit lauter Stimme; man wunderte sich, wenn jemand leise las und fragte sich insgeheim nach Gründen. Mit lauter Stimme: das will sagen, mit all den Schwellungen, Biegungen, Umschlägen des Tons und Wechseln des Tempos, an denen die antike öffentliche Welt ihre Freude hatte. Damals waren die Gesetze des Schrift-Stils dieselben, wie die des Rede-Stils; und dessen Gesetze hingen zum Teil von der erstaunlichen Ausbildung, den raffinierten Bedürfnissen des Ohrs und Kehlkopfs ab, zum andern Teil von der Stärke, Dauer und Macht der antiken Lunge. Eine Periode ist, im Sinne der Alten, vor allem ein physiologisches Ganzes, insofern sie von Einem Atem zusammengefaßt wird. Solche Perioden, wie sie bei Demosthenes, bei Cicero vorkommen, zwei Mal schwellend und zwei Mal absinkend und Alles innerhalb Eines Atemzugs: das sind Genüsse für antike Menschen, welche die Tugend daran, das Seltene und Schwierige im Vortrag einer solchen Periode, aus ihrer eignen Schulung zu schätzen wußten: – wir haben eigentlich kein Recht auf die große Periode, wir Modernen, wir Kurzatmigen in jedem Sinne! Diese Alten waren ja insgesamt in der Rede selbst Dilettanten, folglich Kenner, folglich Kritiker, – damit trieben sie ihre Redner zum Äußersten;

in gleicher Weise, wie im vorigen Jahrhundert, als alle Italiäner und Italiänerinnen zu singen verstanden, bei ihnen das Gesangs-Virtuosentum (und damit auch die Kunst der Melodik –) auf die Höhe kam. In Deutschland aber gab es (bis auf die jüngste Zeit, wo eine Art Tribünen-Beredsamkeit schüchtern und plump genug ihre jungen Schwingen regt) eigentlich nur Eine Gattung öffentlicher und ungefähr kunstmäßiger Rede: das ist die von der Kanzel herab. Der Prediger allein wußte in Deutschland, was eine Silbe, was ein Wort wiegt, inwiefern ein Satz schlägt, springt, stürzt, läuft, ausläuft, er allein hatte Gewissen in seinen Ohren, oft genug ein böses Gewissen: denn es fehlt nicht an Gründen dafür, daß gerade von einem Deutschen Tüchtigkeit in der Rede selten, fast immer zu spät erreicht wird. Das Meisterstück der deutschen Prosa ist deshalb billigerweise das Meisterstück ihres größten Predigers: die Bibel war bisher das beste deutsche Buch. Gegen Luthers Bibel gehalten ist fast alles Übrige nur »Litteratur« – ein Ding, das nicht in Deutschland gewachsen ist und darum auch nicht in deutsche Herzen hinein wuchs und wächst: wie es die Bibel getan hat.

Es gibt zwei Arten des Genies: eins, welches vor allem zeugt und zeugen will, und ein andres, welches sich gern befruchten läßt und gebiert. Und ebenso gibt es unter den genialen Völkern solche, denen das Weibsproblem der Schwangerschaft und die geheime Aufgabe des Gestaltens, Ausreifens, Vollendens zugefallen ist – die Griechen zum Beispiel waren ein Volk dieser Art, insgleichen die Franzosen –; und andre, welche befruchten müssen und die Ursache neuer Ordnungen des Lebens werden, – gleich den Juden, den Römern und, in aller

Bescheidenheit gefragt, den Deutschen? – Völker gequält und entzückt von unbekannten Fiebern und unwiderstehlich aus sich herausgedrängt, verliebt und lüstern nach fremden Rassen (nach solchen, welche sich »befruchten lassen« –) und dabei herrschsüchtig wie alles, was sich voller Zeugekräfte und folglich »von Gottes Gnaden« weiß. Diese zwei Arten des Genies suchen sich, wie Mann und Weib; aber sie mißverstehen auch einander, – wie Mann und Weib.

Jedes Volk hat seine eigne Tartüfferie, und heißt sie seine Tugenden. – Das Beste, was man ist, kennt man nicht, – kann man nicht kennen.

Was Europa den Juden verdankt? – Vielerlei, Gutes und Schlimmes, und vor allem Eins, das vom Besten und Schlimmsten zugleich ist: den großen Stil in der Moral, die Furchtbarkeit und Majestät unendlicher Forderungen, unendlicher Bedeutungen, die ganze Romantik und Erhabenheit der moralischen Fragwürdigkeiten – und folglich gerade den anziehendsten, verfänglichsten und ausgesuchtesten Teil jener Farbenspiele und Verführungen zum Leben, in deren Nachschimmer heute der Himmel unsrer europäischen Kultur, ihr Abend-Himmel, glüht, – vielleicht verglüht. Wir Artisten unter den Zuschauern und Philosophen sind dafür den Juden – dankbar.

Man muß es in den Kauf nehmen, wenn einem Volke, das am nationalen Nervenfieber und politischen Ehrgeize leidet, leiden will –, mancherlei Wolken und Störungen über den Geist ziehn, kurz, kleine Anfälle von Verdummung: zum Beispiel bei den Deutschen von heute bald die antifranzösische Dummheit, bald die antijüdische, bald die antipolnische, bald die christlich-romantische, bald die Wagnerianische, bald die teutonische, bald die preußische (man sehe sich doch diese armen Historiker, diese Sybel und Treitschke und ihre dick verbundenen Köpfe an –), und wie sie alle heißen mögen, diese kleinen Benebelungen des deutschen Geistes und Gewissens. Möge man mir verzeihn, daß auch ich, bei einem kurzen gewagten Aufenthalt auf sehr infiziertem Gebiete, nicht völlig von der Krankheit verschont blieb und mir, wie alle Welt, bereits Gedanken über Dinge zu machen anfing, die mich nichts angehn: erstes Zeichen der politischen Infektion. Zum Beispiel über die Juden: man höre. – Ich bin noch keinem Deutschen begegnet, der den Juden gewogen gewesen wäre; und so unbedingt auch die Ablehnung der eigentlichen Antisemiterei von seiten aller Vorsichtigen und Politischen sein mag, so richtet sich doch auch diese Vorsicht und Politik nicht etwa gegen die Gattung des Gefühls selber, sondern nur gegen seine gefährliche Unmäßigkeit, insbesondere gegen den abgeschmackten und schandbaren Ausdruck dieses unmäßigen Gefühls, – darüber darf man sich nicht täuschen. Daß Deutschland reichlich genug Juden hat, daß der deutsche Magen, das deutsche Blut Not hat (und noch auf lange Not haben wird), um auch nur mit diesem Quantum »Jude« fertig zu werden – so wie der Italiäner, der Franzose, der Engländer fertig geworden sind, infolge einer kräftigeren Verdauung –: das ist die deutliche Aussage und Sprache eines allgemeinen Instinktes, auf welchen man hören, nach welchem man handeln muß. »Keine neuen Juden mehr hineinlassen! Und namentlich nach dem Osten (auch nach Östreich) zu die Tore zusperren!« also gebietet der Instinkt eines Volkes, dessen Art noch schwach und unbestimmt ist, so daß sie leicht verwischt, leicht durch eine stärkere Rasse ausgelöscht werden könnte. Die Juden sind aber ohne allen Zweifel die stärkste, zäheste und reinste Rasse, die jetzt in Europa lebt; sie verstehen es, selbst noch unter den schlimmsten Bedingungen sich durchzusetzen (besser sogar, als unter günstigen), vermöge irgendwelcher Tugenden, die man heute gern zu Lastern stempeln möchte, – dank, vor allem, einem resoluten Glauben, der sich vor den »modernen Ideen« nicht zu schämen braucht; sie verändern sich, *wenn* sie sich verändern, immer nur so, wie das russische Reich seine Eroberungen macht, – als ein Reich, das Zeit hat und nicht von gestern ist –: nämlich nach dem Grundsatze »so langsam als möglich!« Ein Denker, der die Zukunft Europas auf seinem Gewissen hat, wird, bei allen Entwürfen, welche er bei sich über diese Zukunft macht, mit den Juden rechnen wie mit den Russen, als den zunächst sichersten und wahrscheinlichsten Faktoren im großen Spiel und Kampf der Kräfte. Das, was heute in Europa »Nation« genannt wird und eigentlich mehr eine res facta als nata ist (ja mitunter einer res ficta et picta zum Verwechseln ähnlich sieht –), ist in jedem Falle etwas Werdendes, Junges, Leicht-Verschiebbares, noch keine Rasse, geschweige denn ein solches aere perennius, wie es die Juden-Art ist: diese »Nationen« sollten sich doch vor jeder hitzköpfigen Konkurrenz und Feindseligkeit sorgfältig in acht nehmen! Daß die Juden, wenn sie wollten – oder, wenn man sie dazu zwänge, wie es die Antisemiten zu wollen scheinen –, jetzt schon das Übergewicht, ja ganz wörtlich die Herrschaft über Europa haben *könnten*, steht fest; daß sie *nicht* darauf hinarbeiten und Pläne machen, ebenfalls. Einstweilen wollen und wünschen sie vielmehr, sogar mit einiger Zudringlichkeit, in Europa, von Europa ein- und aufgesaugt zu werden, sie dürsten darnach, endlich irgendwo fest, erlaubt, geachtet zu sein und dem Nomadenleben, dem »ewigen Juden« ein Ziel zu setzen –; und man sollte diesen Zug und Drang (der vielleicht selbst schon eine Milderung der jüdischen Instinkte ausdrückt) wohl beachten und ihm entgegenkommen: wozu es vielleicht nützlich und billig wäre, die antisemitischen Schreihälse des Landes zu verweisen. Mit aller Vorsicht entgegenkommen, mit Auswahl; ungefähr so wie der englische Adel es tut. Es liegt auf der Hand, daß am unbedenklichsten noch sich die stärkeren und bereits fester geprägten Typen des neuen Deutschtums mit ihnen einlassen könnten, zum Beispiel der adelige Offizier aus der Mark: es wäre von vielfachem Interesse, zu sehen, ob sich nicht zu der erblichen Kunst des Befehlens und Gehorchens – in beidem ist das bezeichnete Land heute klassisch – das Genie des Geldes und der Geduld (und vor allem etwas Geist und Geistigkeit, woran es reichlich an der bezeichneten Stelle fehlt –) hinzutun, hinzuzüchten ließe. Doch hier ziemt es sich, meine heitere Deutschtümelei und Festrede abzubrechen: denn ich rühre bereits an meinen Ernst, an das »europäische Problem«, wie ich es verstehe, an die Züchtung einer neuen über Europa regierenden Kaste. –

Das ist keine philosophische Rasse – diese Engländer: Bacon bedeutet einen Angriff auf den philosophischen Geist überhaupt, Hobbes, Hume und Locke eine Erniedrigung und Wert-Minderung des Begriffs »Philosoph« für mehr als ein Jahrhundert. Gegen Hume erhob und hob sich Kant; Locke war es, von dem Schelling sagen durfte: »Je méprise Locke«; im Kampfe mit der englisch-mechanistischen Welt-Vertölpelung waren Hegel und Schopenhauer (mit Goethe) einmütig, jene beiden feindlichen Brüder-Genies in der Philosophie, welche nach den entgegengesetzten Polen des deutschen Geistes auseinander strebten und sich dabei unrecht taten, wie sich eben nur Brüder unrecht tun. – Woran es in England fehlt und immer gefehlt hat, das wußte jener Halb-Schauspieler und Rhetor gut genug, der abgeschmackte Wirrkopf Carlyle, welcher es unter leidenschaftlichen Fratzen zu verbergen suchte, was er von sich selbst wußte: nämlich woran es in Carlyle fehlte – an eigentlicher Macht der Geistigkeit, an eigentlicher Tiefe des geistigen Blicks, kurz, an Philosophie. – Es kennzeichnet eine solche unphilosophische Rasse, daß sie streng zum Christentume hält: sie braucht seine Zucht zur »Moralisierung« und Veranmenschlichung. Der Engländer, düsterer, sinnlicher, willensstärker und brutaler als der Deutsche – ist eben deshalb, als der Gemeinere von beiden, auch frömmer als der Deutsche: er hat das Christentum eben noch nötiger. Für feinere Nüstern hat selbst dieses englische Christentum noch einen echt englischen Nebengeruch von Spleen und alkoholischer Ausschweifung, gegen welche es aus guten Gründen als Heilmittel gebraucht wird, – das feinere Gift nämlich gegen das gröbere: eine feinere Vergiftung ist in der Tat bei plumpen Völkern schon ein Fortschritt, eine Stufe zur Vergeistigung. Die englische Plumpheit und Bauern-Ernsthaftigkeit wird durch die christliche Gebärdensprache und durch Beten und Psalmensingen noch am erträglichsten verkleidet, richtiger: ausgelegt und umgedeutet; und für jenes Vieh von Trunkenbolden und Ausschweifenden, welches ehemals unter der Gewalt des Methodismus und neuerdings wieder als »Heilsarmee« moralisch grunzen lernt, mag wirklich ein Bußkrampf die verhältnismäßig höchste Leistung von »Humanität« sein, zu der es gesteigert werden kann: so viel darf man billig zugestehn. Was aber auch noch am humansten Engländer beleidigt, das ist sein Mangel an Musik, im Gleichnis (und ohne Gleichnis –) zu reden: er hat in den Bewegungen seiner Seele und seines Leibes keinen Takt und Tanz, ja noch nicht einmal die Begierde nach Takt und Tanz, nach »Musik«. Man höre ihn sprechen; man sehe die schönsten Engländerinnen gehn – es gibt in keinem Lande der Erde schönere Tauben und Schwäne, – endlich: man höre sie singen! Aber ich verlange zu viel .....

Es gibt Wahrheiten, die am besten von mittelmäßigen Köpfen erkannt werden, weil sie ihnen am gemäßesten sind, es gibt Wahrheiten, die nur für mittelmäßige Geister Reize und Verführungskräfte besitzen: – auf diesen vielleicht unangenehmen Satz wird man gerade jetzt hingestoßen, seitdem der Geist achtbarer, aber mittelmäßiger Engländer – ich nenne Darwin, John Stuart Mill und Herbert Spencer – in der mittleren Region des europäischen Geschmacks zum Übergewicht zu gelangen anhebt. In der Tat, wer möchte die Nützlichkeit davon anzweifeln, daß zeitweilig solche Geister herrschen? Es wäre ein Irrtum, gerade die hochgearteten und abseits fliegenden Geister für besonders geschickt zu halten, viele kleine gemeine Tatsachen festzustellen, zu sammeln und in Schlüsse zu drängen: – sie sind vielmehr, als Ausnahmen, von vornherein in keiner günstigen Stellung zu den »Regeln«. Zuletzt haben sie mehr zu tun, als nur zu erkennen – nämlich etwas Neues zu sein, etwas Neues zu bedeuten, neue Werte darzustellen! Die Kluft zwischen Wissen und Können ist vielleicht größer, auch unheimlicher als man denkt: der Könnende im großen Stil, der Schaffende wird möglicherweise ein Unwissender sein müssen, – während andererseits zu wissenschaftlichen Entdeckungen nach der Art Darwins eine gewisse Enge, Dürre und fleißige Sorglichkeit, kurz, etwas Englisches nicht übel disponieren mag. – Vergesse man es zuletzt den Engländern nicht, daß sie schon einmal mit ihrer tiefen Durchschnittlichkeit eine Gesamt-Depression des europäischen Geistes verursacht haben: Das, was man »die modernen Ideen« oder »die Ideen des achtzehnten Jahrhunderts« oder auch »die französischen Ideen« nennt – das also, wogegen sich der deutsche Geist mit tiefem Ekel erhoben hat –, war englischen Ursprungs, daran ist nicht zu zweifeln. Die Franzosen sind nur die Affen und Schauspieler dieser Ideen gewesen, auch ihre besten Soldaten, insgleichen leider ihre ersten und gründlichsten Opfer: denn an der verdammlichen Anglomanie der »modernen Ideen« ist zuletzt die âme française so dünn geworden und abgemagert, daß man sich ihres sechszehnten und siebzehnten Jahrhunderts, ihrer tiefen leidenschaftlichen Kraft, ihrer erfinderischen Vornehmheit heute fast mit Unglauben erinnert. Man muß aber diesen Satz historischer Billigkeit mit den Zähnen festhalten und gegen den Augenblick und Augenschein verteidigen: die europäische noblesse – des Gefühls, des Geschmacks, der Sitte, kurz, das Wort in jedem hohen Sinne genommen – ist Frankreichs Werk und Erfindung, die europäische Gemeinheit, der Plebejismus der modernen Ideen – Englands. –

Auch jetzt noch ist Frankreich der Sitz der geistigsten und raffiniertesten Kultur Europas und die hohe Schule des Geschmacks: aber man muß dies »Frankreich des Geschmacks« zu finden wissen. Wer zu ihm gehört, hält sich gut verborgen: – es mag eine kleine Zahl sein, in denen es leibt und lebt, dazu vielleicht Menschen, welche nicht auf den kräftigsten Beinen stehn, zum Teil Fatalisten, Verdüsterte, Kranke, zum Teil Verzärtelte und Verkünstelte, solche, welche den Ehrgeiz haben, sich zu verbergen. Etwas ist allen gemein: sie halten sich die Ohren zu vor der rasenden Dummheit und dem lärmenden Maulwerk des demokratischen bourgeois. In der Tat wälzt sich heut im Vordergrunde ein verdummtes und vergröbertes Frankreich, – es hat neuerdings, bei dem Leichenbegängnis Victor Hugos, eine wahre Orgie des Ungeschmacks und zugleich der Selbstbewunderung gefeiert. Auch etwas anderes ist ihnen gemeinsam: ein guter Wille, sich der geistigen Germanisierung zu erwehren – und ein noch besseres Unvermögen dazu! Vielleicht ist jetzt schon Schopenhauer in diesem Frankreich des Geistes, welches auch ein Frankreich des Pessimismus ist, mehr zu Hause und heimischer geworden, als er es je in Deutschland war; nicht zu reden von Heinrich Heine, der den feineren und anspruchsvolleren Lyrikern von Paris lange schon in Fleisch und Blut übergegangen ist, oder von Hegel, der heute in Gestalt Taines – das heißt des ersten lebenden Historikers – einen beinahe tyrannischen Einfluß ausübt. Was aber Richard Wagner betrifft: je mehr sich die französische Musik nach den wirklichen Bedürfnissen der âme moderne gestalten lernt, um so mehr wird sie »wagnerisieren«, das darf man vorhersagen, – sie tut es jetzt schon genug! Es ist dennoch dreierlei, was auch heute noch die Franzosen mit Stolz als ihr Erb und Eigen und als unverlornes Merkmal einer alten Kultur-Überlegenheit über Europa aufweisen können, trotz aller freiwilligen oder unfreiwilligen Germanisierung und Verpöbelung des Geschmacks: einmal die Fähigkeit zu artistischen Leidenschaften, zu Hingebungen an die »Form«, für welche das Wort l'art pour l'art, neben tausend anderen, erfunden ist: – dergleichen hat in Frankreich seit drei Jahrhunderten nicht gefehlt und immer wieder, Dank der Ehrfurcht vor der »kleinen Zahl«, eine Art Kammermusik der Literatur ermöglicht, welche im übrigen Europa sich suchen läßt –. Das Zweite, worauf die Franzosen eine Überlegenheit über Europa begründen können, ist ihre alte vielfache *moralistische* Kultur, welche macht, daß man im Durchschnitt selbst bei kleinen romanciers der Zeitungen und zufälligen boulevardiers de Paris eine psychologische Reizbarkeit und Neugierde findet, von der man zum Beispiel in Deutschland keinen Begriff (geschweige denn die Sache!) hat. Den Deutschen fehlen dazu ein paar Jahrhunderte moralistischer Art, welche, wie gesagt, Frankreich sich nicht erspart hat; wer die Deutschen darum »naiv« nennt, macht ihnen aus einem Mangel ein Lob zurecht. (Als Gegensatz zu der deutschen Unerfahrenheit und Unschuld in voluptate psychologica, die mit der Langweiligkeit des deutschen Verkehrs nicht gar zu fern verwandt ist, – und als gelungenster Ausdruck einer echt französischen Neugierde und Erfindungsgabe für dieses Reich zarter Schauder mag Henri Beyle gelten, jener merkwürdige vorwegnehmende und vorauslaufende Mensch, der mit einem Napoleonischen Tempo durch *sein* Europa, durch mehrere Jahrhunderte der europäischen Seele lief, als ein Ausspürer und Entdecker dieser Seele: – es hat zweier Geschlechter bedurft, um ihn irgendwie einzuholen, um einige der Rätsel nachzuraten, die ihn quälten und entzückten, diesen wunderlichen Epikureer und Fragezeichen-Menschen, der Frankreichs letzter großer Psycholog war –). Es gibt noch einen dritten Anspruch auf Überlegenheit: im Wesen der Franzosen ist eine halbwegs gelungene Synthesis des Nordens und Südens gegeben, welche sie viele Dinge begreifen macht und andre Dinge tun heißt, die ein Engländer nie begreifen wird; ihr dem Süden periodisch zugewandtes und abgewandtes Temperament, in dem von Zeit zu Zeit das provençalische und ligurische Blut überschäumt, bewahrt sie vor dem schauerlichen nordischen Grau in Grau und der sonnenlosen Begriffs-Gespensterei und Blutarmut, – unsrer deutschen Krankheit des Geschmacks, gegen deren Übermaß man sich augenblicklich mit großer Entschlossenheit Blut und Eisen, will sagen: die »große Politik« verordnet hat (gemäß einer gefährlichen Heilkunst, welche mich warten und warten, aber bis jetzt noch nicht hoffen lehrt –). Auch jetzt noch gibt es in Frankreich ein Vorverständnis und ein Entgegenkommen für jene seltneren und selten befriedigten Menschen, welche zu umfänglich sind, um in irgendeiner Vaterländerei ihr Genüge zu finden und im Norden den Süden, im Süden den Norden zu lieben wissen, – für die geborenen Mittelländler, die »guten Europäer«. – Für sie hat Bizet Musik gemacht, dieses letzte Genie, welches eine neue Schönheit und Verführung gesehn, – der ein Stück Süden der Musik entdeckt hat.

Gegen die deutsche Musik halte ich mancherlei Vorsicht für geboten. Gesetzt, daß einer den Süden liebt, wie ich ihn liebe, als eine große Schule der Genesung, im

Geistigsten und Sinnlichsten, als eine unbändige Sonnenfülle und Sonnen-Verklärung, welche sich über ein selbstherrliches, an sich glaubendes Dasein breitet: nun, ein solcher wird sich etwas vor der deutschen Musik in acht nehmen lernen, weil sie, indem sie seinen Geschmack zurück verdirbt, ihm die Gesundheit mit zurück verdirbt. Ein solcher Südländer, nicht der Abkunft, sondern dem *Glauben* nach, muß, falls er von der Zukunft der Musik träumt, auch von einer Erlösung der Musik vom Norden träumen und das Vorspiel einer tieferen, mächtigeren, vielleicht böseren und geheimnisvolleren Musik in seinen Ohren haben, einer überdeutschen Musik, welche vor dem Anblick des blauen wollüstigen Meers und der mittelländischen Himmels-Helle nicht verklingt, vergilbt, verblaßt, wie es alle deutsche Musik tut, einer übereuropäischen Musik, die noch vor den braunen Sonnen-Untergängen der Wüste Recht behält, deren Seele mit der Palme verwandt ist und unter großen schönen einsamen Raubtieren heimisch zu sein und zu schweifen versteht ..... Ich könnte mir eine Musik denken, deren seltenster Zauber darin bestünde, daß sie von Gut und Böse nichts mehr wüßte, nur daß vielleicht irgendein Schiffer-Heimweh, irgendwelche goldne Schatten und zärtliche Schwächen hier und da über sie hinwegliefen: eine Kunst, welche von großer Ferne her die Farben einer untergehenden, fast unverständlich gewordenen *moralischen* Welt zu sich flüchten sähe, und die gastfreundlich und tief genug zum Empfang solcher späten Flüchtlinge wäre. –

Dank der krankhaften Entfremdung, welche der Nationalitäts-Wahnsinn zwischen die Völker Europas gelegt hat und noch legt, dank ebenfalls den Politikern des kurzen Blicks und der raschen Hand, die heute mit seiner Hülfe obenauf sind und gar nicht ahnen, wie sehr die auseinanderlösende Politik, welche sie treiben, notwendig nur Zwischenakts-Politik sein kann, – dank alledem und manchem heute ganz Unaussprechbaren werden jetzt die unzweideutigsten Anzeichen übersehn oder willkürlich und lügenhaft umgedeutet, in denen sich ausspricht, daß Europa Eins werden will. Bei allen tieferen und umfänglicheren Menschen dieses Jahrhunderts war es die eigentliche Gesamt-Richtung in der geheimnisvollen Arbeit ihrer Seele, den Weg zu jener neuen Synthesis vorzubereiten und versuchsweise den Europäer der Zukunft vorwegzunehmen: nur mit ihren Vordergründen, oder in schwächeren Stunden, etwa im Alter, gehörten sie zu den »Vaterländern«, – sie ruhten sich nur von sich selber aus, wenn sie »Patrioten« wurden. Ich denke an Menschen wie Napoleon, Goethe, Beethoven, Stendhal, Heinrich Heine, Schopenhauer: man verarge mir es nicht, wenn ich auch Richard Wagner zu ihnen rechne, über den man sich nicht durch seine eignen Mißverständnisse verführen lassen darf, – Genies seiner Art haben selten das Recht, sich selbst zu verstehen. Noch weniger freilich durch den ungesitteten Lärm, mit dem man sich jetzt in Frankreich gegen Richard Wagner sperrt und wehrt: – die Tatsache bleibt nichtsdestoweniger bestehen, daß die französische Spät-Romantik der Vierziger Jahre und Richard Wagner auf das Engste und Innigste zueinander gehören. Sie sind sich in allen Höhen und Tiefen ihrer Bedürfnisse verwandt, grundverwandt: Europa ist es, das Eine Europa, dessen Seele sich durch ihre vielfältige und ungestüme Kunst hinaus, hinauf drängt und sehnt – wohin? in ein neues Licht? nach einer neuen Sonne? Aber wer möchte genau aussprechen, was alle diese Meister neuer Sprachmittel nicht deutlich auszusprechen wußten? Gewiß ist, daß der gleiche Sturm und Drang sie quälte, daß sie auf gleiche Weise suchten, diese letzten großen Suchenden! Allesamt beherrscht von der Literatur bis in ihre Augen und Ohren – die ersten Künstler von weltliterarischer Bildung – meistens sogar selber Schreibende, Dichtende, Vermittler und Vermischer der Künste und der Sinne (Wagner gehört als Musiker unter die Maler, als Dichter unter die Musiker, als Künstler überhaupt unter die Schauspieler); allesamt Fanatiker des Ausdrucks »um jeden Preis« – ich hebe Delacroix hervor, den Nächstverwandten Wagners –, allesamt große Entdecker im Reiche des Erhabenen, auch des Häßlichen und Gräßlichen, noch größere Entdecker im Effekte, in der Schaustellung, in der Kunst der Schauläden, allesamt Talente weit über ihr Genie hinaus –, Virtuosen durch und durch, mit unheimlichen Zugängen zu allem, was verführt, lockt, zwingt, umwirft, geborene Feinde der Logik und der geraden Linien, begehrlich nach dem Fremden, dem Exotischen, dem Ungeheuren, dem Krummen, dem Sich-Widersprechenden; als Menschen Tantalusse des Willens, heraufgekommene Plebejer, welche sich im Leben und Schaffen eines vornehmen tempo, eines lento unfähig wußten, – man denke zum Beispiel an Balzac – zügellose Arbeiter, beinahe Selbst-Zerstörer durch Arbeit; Antinomisten und Aufrührer in den Sitten, Ehrgeizige und Unersättliche ohne Gleichgewicht und Genuß; allesamt zuletzt an dem christlichen Kreuze zerbrechend und niedersinkend (und das mit Fug und Recht: denn wer von ihnen wäre tief und ursprünglich genug zu einer Philosophie des Antichrist gewesen? –) im Ganzen eine verwegen-wagende, prachtvoll-gewaltsame, hochfliegende und hoch emporreißende Art höherer Menschen, welche ihrem Jahrhundert – und es ist das Jahrhundert der Menge! – den Begriff »höherer Mensch« erst zu lehren hatte ..... Mögen die deutschen Freunde Richard Wagners darüber mit sich zu Rate gehn, ob es in der Wagnerischen Kunst etwas schlechthin Deutsches gibt, oder ob nicht gerade deren Auszeichnung ist, aus überdeutschen Quellen und Antrieben zu kommen: wobei nicht unterschätzt werden mag, wie zur Ausbildung seines Typus gerade Paris unentbehrlich war, nach dem ihn in der entscheidendsten Zeit die Tiefe seiner Instinkte verlangen hieß, und wie die ganze Art seines Auftretens, seines Selbst-Apostolats erst angesichts des französischen Sozialisten-Vorbilds sich vollenden konnte. Vielleicht wird man, bei einer feineren Vergleichung, zu Ehren der deutschen Natur Richard Wagners finden, daß er es in Allem stärker, verwegener, härter, höher getrieben hat, als es ein Franzose des neunzehnten Jahrhunderts treiben könnte, – dank dem Umstande, daß wir Deutschen der Barbarei noch näher stehen als die Franzosen –; vielleicht ist sogar das Merkwürdigste, was Richard Wagner geschaffen hat, der ganzen so späten lateinischen Rasse für immer und nicht nur für heute unzugänglich, unnachfühlbar, unnachahmbar: die Gestalt des Siegfried, jenes sehr freien Menschen, der in der Tat bei weitem zu frei, zu hart, zu wohlgemut, zu gesund, zu antikatholisch für den Geschmack alter und mürber Kulturvölker sein mag. Er mag sogar eine Sünde wider die Romantik gewesen sein, dieser antiromanische Siegfried: nun, Wagner hat diese Sünde reichlich quitt gemacht, in seinen alten trüben Tagen, als er – einen Geschmack vorwegnehmend, der inzwischen Politik geworden ist – mit der ihm eignen religiösen

Vehemenz den Weg nach Rom, wenn nicht zu gehn, so doch zu predigen anfing. – Damit man mich, mit diesen letzten Worten, nicht mißverstehe, will ich einige kräftige Reime zu Hülfe nehmen, welche auch weniger feinen Ohren es verraten werden, was ich will, – was ich gegen den »letzten Wagner« und seine Parsifal-Musik will.

– Ist das noch deutsch? –
Aus deutschem Herzen kam dies schwüle Kreischen?
Und deutschen Leibs ist dies Sich-selbst-Entfleischen?
Deutsch ist dies Priester-Händespreizen,
Dies weihrauch-düftelnde Sinne-Reizen?
Und deutsch dies Stocken, Stürzen, Taumeln,
Dies ungewisse Bimbambaumeln?
Dies Nonnen-Äugeln, Ave-Glocken-Bimmeln,
Dies ganze falsch verzückte Himmel-Überhimmeln?
– Ist Das noch deutsch? –
Erwägt! Noch steht ihr an der Pforte: –
Denn, was ihr hört, ist Rom, – Roms Glaube
ohne Worte!

IV

Menschliches, Allzumenschliches

Bevor man »den Menschen sucht«, muß
man die Laterne gefunden haben.

Die Menschen drängen sich zum Lichte, nicht um besser zu sehen, sondern um besser zu glänzen.

Lukas 18,14 verbessert. – Wer sich selbst erniedrigt, will erhöhet werden.

Wer sich selbst verachtet, achtet sich doch immer noch dabei als Verächter.

Wunderliche Eitelkeit. – Wer dreimal mit Dreistigkeit das Wetter prophezeit hat und Erfolg hatte, der glaubt im Grunde seiner Seele ein wenig an seine Prophetengabe. Wir lassen das Wunderliche, Irrationelle gelten, wenn es unserer Selbstschätzung schmeichelt.

Von allen Trostmitteln tut Trostbedürftigen nichts so wohl als die Behauptung, für ihren Fall gebe es keinen Trost.

Mancher Pfau verdeckt vor aller Augen seinen Pfauenschweif – und heißt es seinen Stolz.

Gegenwart von Zeugen. – Man springt einem Menschen, der ins Wasser fällt, noch einmal so gern nach, wenn Leute zugegen sind, die es nicht wagen.

»Das habe ich getan«, sagt mein Gedächtnis. Das kann ich nicht getan haben – sagt mein Stolz und bleibt unerbittlich. Endlich – gibt das Gedächtnis nach.

Schlechtes Gedächtnis. – Der Vorteil des schlechten Gedächtnisses ist, daß man dieselben guten Dinge mehrere Male zum Ersten Male genießt.

Beichte. – Man vergißt seine Schuld, wenn man sie einem Andern gebeichtet hat, aber gewöhnlich vergißt der Andere sie nicht.

Lebhafte Naturen lügen nur einen Augenblick: nachher haben sie sich selber belogen und sind überzeugt und rechtschaffen.

Unter friedlichen Umständen fällt der kriegerische Mensch über sich selber her.

Bosheit ist selten. – Die meisten Menschen sind viel zu sehr mit sich beschäftigt, um boshaft zu sein.

MENSCHLICHES, ALLZUMENSCHLICHES.

EIN BUCH FÜR FREIE GEISTER.

Dem Andenken Voltaire's
geweiht
zur Gedächtniss-Feier seines Todestages,
des 30. Mai 1778.

Von

Friedrich Nietzsche.

CHEMNITZ 1878.
Verlag von Ernst Schmeitzner.

PARIS
SANDOZ & FISCHBACHER
33 Rue de Seine.

ST. PETERSBURG
H. SCHMITZDORFF
(C. ROETTGER)
Kais. Hof-Buchhandlung
5 Newsky Prospect.

TURIN
(FLORENZ, ROM)
ERMANNO LOESCHER
Via di Po 19.

NEW-YORK
E. STEIGER
22 & 24 Frankfort Street.

LONDON
DAVID NUTT
270 Strand.

Titelseite der Erstausgabe

Die Affen sind zu gutmütig, als daß der Mensch von ihnen abstammen könnte.

Wehe wenn die Menschen nicht ihre kleinen boshaften Gedanken hätten! Wieviel Lust mehr haben sie dabei, wieviel Wehe-Tun ersparen sie dabei!

Wenn Einer gähnt – und das ist doch etwas Unangenehmes – und der Andere mitgähnt, so haben wir ein einfaches Beispiel für das Phänomen des Mitleidens. Sollte aber wirklich dabei das principium individuationis durchbrochen sein?

Die Selbstsucht ist bei Dieben, Räubern, Wucherern und Spekulanten im Grunde anspruchslos und bescheiden genug: man kann ja nicht leicht weniger von den Menschen wollen als wenn man nur ihr Geld will.

Stehlen ist oft seliger als nehmen.

Von den Lehrstühlen der Tugend

Man rühmte Zarathustra einen Weisen, der gut vom Schlafe und von der Tugend zu reden wisse: sehr werde er geehrt und gelohnt dafür, und alle Jünglinge säßen vor seinem Lehrstuhle. Zu ihm ging Zarathustra, und mit allen Jünglingen saß er vor seinem Lehrstuhle. Und also sprach der Weise:

Ehre und Scham vor dem Schlafe! Das ist das erste! Und allen aus dem Wege gehn, die schlecht schlafen und Nachts wachen!

Schamhaft ist noch der Dieb vor dem Schlafe: stets stiehlt er sich leise durch die Nacht. Schamlos aber ist der Wächter der Nacht, schamlos trägt er sein Horn.

Keine geringe Kunst ist schlafen: es tut schon Not, den ganzen Tag darauf hin zu wachen.

Zehn Mal mußt du des Tages dich selber überwinden: das macht eine gute Müdigkeit und ist Mohn der Seele.

Zehn Mal mußt du dich wieder mit dir selber versöhnen; denn Überwindung ist Bitternis, und schlecht schläft der Unversöhnte.

Zehn Wahrheiten mußt du des Tages finden: sonst suchst du noch des Nachts nach Wahrheit, und deine Seele blieb hungrig.

Zehn Mal mußt du lachen am Tage und heiter sein: sonst stört dich der Magen in der Nacht, dieser Vater der Trübsal.

Wenige wissen das: aber man muß alle Tugenden haben, um gut zu schlafen. Werde ich falsch Zeugnis reden? Werde ich ehebrechen?

Werde ich mich gelüsten lassen meines Nächsten Magd? Das alles vertrüge sich schlecht mit gutem Schlafe.

Und selbst wenn man alle Tugenden hat, muß man sich noch auf Eins verstehn: selber die Tugenden zur rechten Zeit schlafen schicken.

Daß sie sich nicht miteinander zanken, die artigen Weiblein! Und über dich, du Unglückseliger!

Friede mit Gott und dem Nachbar: so will es der gute Schlaf. Und Friede auch noch mit des Nachbars Teufel! Sonst geht er bei dir des Nachts um.

Ehre der Obrigkeit und Gehorsam, und auch der krummen Obrigkeit! So will es der gute Schlaf. Was kann ich dafür, daß die Macht gerne auf krummen Beinen wandelt?

Der soll mir immer der beste Hirt heißen, der sein Schaf auf die grünste Aue führt: so verträgt es sich mit gutem Schlafe.

Viel Ehren will ich nicht, noch große Schätze: das entzündet die Milz. Aber schlecht schläft es sich ohne einen guten Namen und einen kleinen Schatz.

Eine kleine Gesellschaft ist mir willkommener als eine böse: doch muß sie gehn und kommen zur rechten Zeit. So verträgt es sich mit gutem Schlafe.

Sehr gefallen mir auch die Geistig-Armen: sie fördern den Schlaf. Selig sind die, sonderlich, wenn man ihnen immer recht gibt.

Also läuft der Tag dem Tugendsamen. Kommt nun die Nacht, so hüte ich mich wohl, den Schlaf zu rufen! Nicht will er gerufen sein, der Schlaf, der der Herr der Tugenden ist!

Sondern ich denke, was ich des Tages getan und gedacht. Wiederkäuend frage ich mich, geduldsam gleich einer Kuh: Welches waren doch deine zehn Überwindungen?

Und welches waren die zehn Versöhnungen und die zehn Wahrheiten und die zehn Gelächter, mit denen sich mein Herz gütlich tat?

Solcherlei erwägend und gewiegt von vierzig Gedanken, überfällt mich auf einmal der Schlaf, der Ungerufne, der Herr der Tugenden.

Der Schlaf klopft mir auf mein Auge: da wird es schwer. Der Schlaf berührt mir den Mund: da bleibt er offen.

Wahrlich, auf weichen Sohlen kommt er mir, der liebste der Diebe, und stiehlt mir meine Gedanken: dumm stehe ich da wie dieser Lehrstuhl.

Aber nicht lange mehr stehe ich dann: da liege ich schon. –

Als Zarathustra den Weisen also sprechen hörte, lachte er bei sich im Herzen: denn ihm war dabei ein Licht aufgegangen. Und also sprach er zu seinem Herzen:

Ein Narr ist mir dieser Weise da mit seinen vierzig Gedanken: aber ich glaube, daß er sich wohl auf das Schlafen versteht.

Glücklich schon, wer in der Nähe dieses Weisen wohnt! Solch ein Schlaf steckt an, noch durch eine dicke Wand hindurch steckt er an.

Ein Zauber wohnt selbst in seinem Lehrstuhle. Und nicht vergebens saßen die Jünglinge vor dem Prediger der Tugend.

Seine Weisheit heißt: wachen, um gut zu schlafen. Und wahrlich, hätte das Leben keinen Sinn und müßte ich Unsinn wählen, so wäre auch mir dies der wählenswürdigste Unsinn.

Jetzo verstehe ich klar, was einst man vor allem suchte, wenn man Lehrer der Tugend suchte. Guten Schlaf suchte man sich und mohnblumige Tugenden dazu!

Allen diesen gelobten Weisen der Lehrstühle war Weisheit der Schlaf ohne Träume: sie kannten keinen bessern Sinn des Lebens.

Auch noch heute wohl gibt es einige, wie diesen Prediger der Tugend, und nicht immer so ehrliche: aber ihre Zeit ist um. Und nicht mehr lange stehen sie noch: da liegen sie schon.

Selig sind diese Schläfrigen: denn sie sollen bald einnicken. –

Also sprach Zarathustra.

Ich mag diesen blassen fetten Mond nicht: wahrlich, ich fand ihn noch immer nicht den »Mann« im Monde. Ein Mönch ist er mir nur, ein feuchtwangiger, ein lüsterner: lüstern schleicht er um alle dunklen Ecken und blickt in halb geschlossene Fenster – er, der eifersüchtigste aller Kater, die nachts über Dächer wandeln! Auf alle Liebenden ist er eifersüchtig, der blasse fette Mönch im Monde!

Nacht ist's: wieder über den Dächern
Wandelt des Mondes feistes Antlitz.
Er, der eifersüchtigste aller Kater,
Allen Liebenden blickt er eifersüchtig
Dieser blasse fette »Mann im Monde«.
Lüstern schleicht er um alle dunklen Ecken,
Lehnt sich breit an halbverschlossene Fenster,
Einem lüsternen fetten Mönche gleich, geht
Frech er nachts auf verbotenen Wegen.

Der Unterleib ist der Grund dafür, daß der Mensch sich nicht so leicht für einen Gott hält.

Grad und Art der Geschlechtlichkeit eines Menschen reicht bis in den letzten Gipfel seines Geistes hinauf.

Nicht Wenige, die ihren Teufel austreiben wollten, fuhren dabei selber in die Säue.

Das Konkubinat ist korrumpiert durch – die Ehe.

Schlaf der Tugend. – Wenn die Tugend geschlafen hat, wird sie frischer aufstehen.

Die Plage durch die Begierde ist an sich nicht so groß, wenn man sie für nichts Böses hält. So wenig als der Stuhldrang uns tiefe Seelennot macht.

Die Schweine der Circe beten die Keuschheit an.

Die Mutter der Ausschweifung ist nicht die Freude, sondern die Freudlosigkeit.

Etwas Gesundheit ab und zu ist das beste Heilmittel.

Der Asket macht aus der Tugend eine Not.

In Gefahr. – Man ist am meisten in Gefahr, überfahren zu werden, wenn man eben einem Wagen ausgewichen ist.

Probe einer guten Ehe. – Die Güte einer Ehe bewährt sich dadurch, daß sie einmal eine »Ausnahme« verträgt.

Die Einheit des Ortes und das Drama. – Wenn die Ehegatten nicht beisammen lebten, würden die guten Ehen häufiger sein.

»Dem Reinen ist alles rein« – so spricht das Volk. Ich aber sage euch: den Schweinen wird alles Schwein!

Darum predigen die Schwärmer und Kopfhänger, denen auch das Herz niederhängt: »Die Welt selber ist ein kotiges Ungeheuer.«

Denn diese alle sind unsäuberlichen Geistes; sonderlich aber jene, welche nicht Ruhe, noch Rast haben, es sei denn, sie sehen die Welt von hinten, – die Hinterweltler!

Denen sage ich ins Gesicht, ob es gleich nicht lieblich klingt: die Welt gleicht darin dem Menschen, daß sie einen Hintern hat, – so viel ist wahr!

Es gibt in der Welt viel Kot: so viel ist wahr! Aber darum ist die Welt selber noch kein kotiges Ungeheuer!

Es ist Weisheit darin, daß vieles in der Welt übel riecht: der Ekel selber schafft Flügel und quellenahnende Kräfte!

An dem Besten ist noch Etwas zum Ekeln; und der Beste ist noch Etwas, das überwunden werden muß! –

Oh meine Brüder, es ist viel Weisheit darin, daß viel Kot in der Welt ist! –

Wir sind so gern in der freien Natur, weil diese keine Meinung über uns hat.

Felsen Wind Nadelhölzer Heidegräser und viel Luft – meine Freunde.

Wie die Sonne in einem Tannenwald, warme Wohlgerüche und reine Kühle des Windhauchs.

Ein Mittagsläuten vom Dorfturm, bei dem Frömmigkeit und Hunger zugleich wach werden.

Mädchen die wie Turteltauben lachen.

Das Kind hat die großen Entzückungen an den einfachen Dingen voraus.

Zur Zeit der lauen Februarwinde, wenn die kleinen übereisten Gewässer unter den Füßen der Kinder knistern.

Schläfrig und zufrieden wie die Sonne in den Gassen einer kleinen Stadt am Feiertage.

Strecke die Hand aus nach kleinen Zufällen,
sei lieblich gegen das Unwillkommene:
Gegen sein Schicksal soll man nicht stachlicht sein,
man sei denn ein Igel.

Wer nach 2 Tagen strengen Fastens einen Schluck Champagner trinkt, der empfindet etwas, das der Wollust ganz nahe kommt. Der Blick eines Menschen, der wochenlang in einer dunklen Höhle gelebt hat, in die Natur ist ein Rausch des Auges. Und nach Jahren wieder unsere Musik hören! – Die Asketen wissen allein, was Wollüste sind.

Vergnügungs-Reisende. – Sie steigen wie Tiere den Berg hinauf, dumm und schwitzend; man hatte ihnen zu sagen vergessen, daß es unterwegs schöne Aussichten gebe.

Zuviel und zuwenig. – Die Menschen durchleben jetzt alle zu viel und durchdenken zu wenig: sie haben Heißhunger und Kolik zugleich und werden deshalb immer magerer, soviel sie auch essen. – Wer jetzt sagt: »ich habe Nichts erlebt« – ist ein Dummkopf.

Neutralität der großen Natur. – Die Neutralität der großen Natur (in Berg, Meer, Wald und Wüste) gefällt, aber nur eine kurze Zeit: nachher werden wir ungeduldig. »Wollen denn diese Dinge gar nichts zu uns sagen? Sind wir für sie nicht da?« Es entsteht das Gefühl eines crimen laesae majestatis humanae.

Muße und Müßiggang. – Es ist eine indianerhafte, dem Indianer-Blute eigentümliche Wildheit in der Art, wie die Amerikaner nach Gold trachten: und ihre atemlose Hast der Arbeit – das eigentliche Laster der neuen Welt – beginnt bereits durch Ansteckung das alte Europa wild zu machen und eine ganz wunderliche Geistlosigkeit darüber zu breiten. Man schämt sich jetzt schon der Ruhe; das lange Nachsinnen macht beinahe Gewissensbisse. Man denkt mit der Uhr in der Hand, wie man zu Mittag ißt, das Auge auf das Börsenblatt gerichtet, – man lebt, wie einer, der fortwährend etwas »versäumen könnte«. »Lieber irgend Etwas tun, als Nichts« – auch dieser Grundsatz ist eine Schnur, um aller Bildung und allem höheren Geschmack den Garaus zu machen. Und so wie sichtlich alle Formen an dieser Hast der Arbeitenden zu Grunde gehen: so geht auch das Gefühl für die Form selber, das Ohr und Auge für die Melodie der Bewegungen zu Grunde. Der Beweis dafür liegt in der jetzt überall geforderten plumpen Deutlichkeit, in allen den Lagen, wo der Mensch einmal redlich mit Menschen sein will, im Verkehre mit Freunden, Frauen, Verwandten, Kindern, Lehrern, Schülern, Führern und Fürsten, – man hat keine Zeit und keine Kraft mehr für die Zeremonien, für die Verbindlichkeit mit Umwegen, für allen Esprit der Unterhaltung und überhaupt für alles Otium. Denn das Leben auf der Jagd nach Gewinn zwingt fortwährend dazu, seinen Geist bis zur Erschöpfung auszugeben, im beständigen Sich-Verstellen oder Überlisten oder Zuvorkommen: die eigentliche Tugend ist jetzt, etwas in weniger Zeit zu tun, als ein anderer.

Zum Lachen! – Seht hin! Seht hin! Er läuft von den Menschen weg –: diese aber folgen ihm nach, weil er vor ihnen herläuft, – so sehr sind sie Herde!

Ich sage euch: man muß noch Chaos in sich haben, um einen tanzenden Stern gebären zu können. Ich sage euch: ihr habt noch Chaos in euch.

Wehe! Es kommt die Zeit, wo der Mensch keinen Stern mehr gebären wird. Wehe! Es kommt die Zeit des verächtlichsten Menschen, der sich selber nicht mehr verachten kann.

Seht! Ich zeige euch den letzten Menschen.

»Was ist Liebe? Was ist Schöpfung? Was ist Sehnsucht? Was ist Stern?« – so fragt der letzte Mensch und blinzelt.

Die Erde ist dann klein geworden, und auf ihr hüpft der letzte Mensch, der alles klein macht. Sein Geschlecht ist unaustilgbar, wie der Erdfloh; der letzte Mensch lebt am längsten.

»Wir haben das Glück erfunden« – sagen die letzten Menschen und blinzeln.

Sie haben die Gegenden verlassen, wo es hart war zu leben: denn man braucht Wärme. Man liebt noch den Nachbar und reibt sich an ihm: denn man braucht Wärme.

Krankwerden und Mißtrauen-Haben gilt ihnen sündhaft: man geht achtsam einher. Ein Tor, der noch über Steine oder Menschen stolpert!

Ein wenig Gift ab und zu: das macht angenehme Träume. Und viel Gift zuletzt, zu einem angenehmen Sterben.

Man arbeitet noch, denn Arbeit ist eine Unterhaltung. Aber man sorgt, daß die Unterhaltung nicht angreife.

Man wird nicht mehr arm und reich: Beides ist zu beschwerlich. Wer will noch regieren? Wer noch gehorchen? Beides ist zu beschwerlich.

Kein Hirt und Eine Herde! Jeder will das Gleiche, jeder ist gleich: wer anders fühlt, geht freiwillig ins Irrenhaus.

»Ehemals war alle Welt irre« – sagen die Feinsten und blinzeln.

Man ist klug und weiß alles, was geschehn ist: so hat man kein Ende zu spotten. Man zankt sich noch, aber man versöhnt sich bald – sonst verdirbt es den Magen.

Man hat sein Lüstchen für den Tag und sein Lüstchen für die Nacht: aber man ehrt die Gesundheit.

»Wir haben das Glück erfunden« – sagen die letzten Menschen und blinzeln. –

Und hier endete die erste Rede Zarathustras, welche man auch »die Vorrede« heißt: denn an dieser Stelle unterbrach ihn das Geschrei und die Lust der Menge. »Gib uns diesen letzten Menschen, o Zarathustra«, – so riefen sie – »mache uns zu diesen letzten Menschen! So schenken wir dir den Übermenschen!«

V

Göttliches, Allzugöttliches

Historia in nuce. – Die ernsthafteste Parodie, die ich je hörte, ist diese: »im Anfang war der Unsinn, und der Unsinn war, bei Gott! und Gott (göttlich) war der Unsinn.«

Was hat den M⟨enschen⟩ so verstört? Nicht die Dinge, nicht die Meinungen über die Dinge – sondern die Meinungen über Dinge, die es gar nicht gibt!

»Nur die Heißen kennen die Entzückungen der Kälte«: so sprach ein Freigeist.

Zwei Trostmittel. – Epikur, der Seelen-Beschwichtiger des späteren Altertums, hatte jene wundervolle Einsicht, die heutzutage immer noch so selten zu finden ist, daß zur Beruhigung des Gemüts die Lösung der letzten und äußersten theoretischen Fragen gar nicht nötig sei. So genügte es ihm, solchen, welche »die Götterangst« quälte, zu sagen: »Wenn es Götter gibt, so bekümmern sie sich nicht um uns,« – anstatt über die letzte Frage, ob es Götter überhaupt gebe, unfruchtbar und aus der Ferne zu disputieren. Jene Position ist viel günstiger und mächtiger: man gibt dem Andern einige Schritte vor und macht ihn so zum Hören und Beherzigen gutwilliger. Sobald er sich aber anschickt, das Gegenteil zu beweisen – daß die Götter sich um uns bekümmern –, in welche Irrsale und Dorngebüsche muß der Arme geraten, ganz

Der junge Nietzsche
Foto 1864

von selber, ohne die List des Unterredners, der nur genug Humanität und Feinheit haben muß, um sein Mitleiden an diesem Schauspiele zu verbergen. Zuletzt kommt jener Andere zum Ekel, dem stärksten Argument gegen jeden Satz, zum Ekel an seiner eigenen Behauptung: er wird kalt und geht fort mit derselben Stimmung, wie sie auch der reine Atheist hat: »Was gehen mich eigentlich die Götter an! Hole sie der Teufel!« – In anderen Fällen, namentlich wenn eine halb physische, halb moralische Hypothese das Gemüt verdüstert hatte, widerlegte er nicht diese Hypothese, sondern gestand ein, daß es wohl so sein könne: aber es gebe noch eine zweite Hypothese, um dieselbe Erscheinung zu erklären; vielleicht könne es sich auch noch anders verhalten. Die Mehrheit der Hypothesen genügt auch in unserer Zeit noch, zum Beispiel über die Herkunft der Gewissensbisse, um jenen Schatten von der Seele zu nehmen, der aus dem Nachgrübeln über eine einzige, allein sichtbare und dadurch hundertfach überschätzte Hypothese so leicht entsteht. – Wer also Trost zu spenden wünscht, an Unglückliche, Übeltäter, Hypochonder, Sterbende, möge sich der beiden beruhigenden Wendungen Epikurs erinnern, welche auf sehr viele Fragen sich anwenden lassen. In der einfachsten Form würden sie etwa lauten: erstens, gesetzt es verhält sich so, so geht es uns nichts an; zweitens: es kann so sein, es kann aber auch anders sein.

Die irdische Gebrechlichkeit und ihre Hauptursache. – Man trifft, wenn man sich umsieht, immer auf Menschen, welche ihr Leben lang Eier gegessen haben, ohne zu bemerken, daß die länglichten die wohlschmeckendsten sind, welche nicht wissen, daß ein Gewitter dem Unterleib förderlich ist, daß Wohlgerüche in kalter klarer Luft am stärksten riechen, daß unser Geschmackssinn an verschiedenen Stellen des Mundes ungleich ist, daß jede Mahlzeit, bei der man gut spricht oder gut hört, dem Magen Nachteil bringt. Man mag mit diesen Beispielen für den Mangel an Beobachtungssinn nicht zufrieden sein, um so mehr möge man zugestehen, daß die *allernächsten Dinge* von den meisten sehr schlecht gesehen, sehr selten beachtet werden. Und ist dies gleichgültig? – Man erwäge doch, daß aus diesem Mangel sich *fast alle leiblichen und seelischen Gebrechen* der Einzelnen ableiten: nicht zu wissen, was uns förderlich, was uns schädlich ist, in der Einrichtung der Lebensweise, Verteilung des Tages, Zeit und Auswahl des Verkehres, in Beruf und Muße, Befehlen und Gehorchen, Natur- und Kunstempfinden, Essen, Schlafen und Nachdenken; *im Kleinsten und Alltäglichsten unwissend* zu sein und keine scharfen Augen zu haben – das ist es, was die Erde für so viele zu einer »Wiese des Unheils« macht. Man sage nicht, es liege hier wie überall an der menschlichen *Unvernunft*: vielmehr – Vernunft genug und übergenug ist da, aber sie wird *falsch* gerichtet und *künstlich* von jenen kleinen und allernächsten Dingen *abgelenkt*. Priester und Lehrer, und die sublime Herrschsucht der Idealisten jeder Art, der gröberen und feineren, reden schon dem Kinde ein, es komme auf etwas ganz anderes an: auf das Heil der Seele, den Staatsdienst, die Förderung der Wissenschaft, oder auf Ansehen und Besitz, als die Mittel, der ganzen Menschheit Dienste zu erweisen, während das Bedürfnis des Einzelnen, seine große und kleine Not innerhalb der vierundzwanzig Tagesstunden etwas Verächtliches oder Gleichgültiges sei. – Sokrates schon wehrte sich mit allen Kräften gegen diese hochmütige Vernachlässigung des Menschlichen zugunsten des Menschen und liebte es, mit einem Worte Homers, an den wirklichen Umkreis und Inbegriff alles Sorgens und Nachdenkens zu mahnen: Das ist es und nur das, sagt er, »was mir zu Hause an Gutem und Schlimmem begegnet«.

Das Gebet. – Nur unter zwei Voraussetzungen hatte alles Beten – jene noch nicht völlig erloschene Sitte älterer Zeiten – einen Sinn: es müßte möglich sein, die Gottheit zu bestimmen oder umzustimmen, und der Betende müßte selber am Besten wissen, was ihm not tue, was für ihn wahrhaft wünschenswert sei. Beide Voraussetzungen, in allen anderen Religionen angenommen und hergebracht, wurden aber gerade vom Christentum geleugnet; wenn es trotzdem das Gebet beibehielt, bei seinem Glauben an eine allweise und allvorsorgliche Vernunft in Gott, durch welche eben dies Gebet im Grunde sinnlos, ja gotteslästerlich wird, – so zeigte es auch darin wieder seine bewunderungswürdige Schlangen-Klugheit; denn ein klares Gebot »du sollst nicht beten« hätte die Christen durch die Langeweile zum Unchristentum geführt. Im christlichen ora et labora vertritt nämlich das ora die Stelle des Vergnügens: und was hätten ohne das ora jene Unglücklichen beginnen sollen, die sich das labora versagten, die Heiligen! – aber mit Gott sich unterhalten, ihm allerlei angenehme Dinge abverlangen, sich selber ein wenig darüber lustig machen, wie man so töricht sein könne, noch Wünsche zu haben, trotz einem so vortrefflichen Vater, – das war für Heilige eine sehr gute Erfindung.

Emerson sagt mir nach dem Herzen: Dem Poeten dem Philosophen wie dem Heiligen sind alle Dinge befreundet und geweiht, alle Ereignisse nützlich, alle Tage heilig, alle Menschen göttlich.

Immer so handeln, daß wir mit uns zufrieden sind – da kommt es auf die Feinheit der Wahrhaftigkeit gegen uns selber an. Zweitens auf den Maßstab, mit dem wir messen. Ein gutes Gewissen kann also ein sehr starkes Anzeichen von Gemeinheit und intellektueller Grobheit sein: ein schlechtes Gewissen von intellektueller Delikatesse.

Wenn die Anderen mit uns nicht unzufrieden wären, und nicht vieles schief abliefe, so wäre die Zufriedenheit mit sich selber die Regel. Die unerwarteten unangenehmen Nachwirkungen stören diese Zufriedenheit: beim Unangenehmen suchen wir nach einer Entladung unseres Rachegefühls und treffen damit zumeist uns selber. Das Mißgeschick ist es, das dem Menschen sein böses Gewissen gibt, »es hätte anders sein können«. Da tadeln wir uns und schätzen unseren Scharfsinn und unsere Absichten gering. Wären wir nicht M⟨enschen⟩ der Rache, so wären wir viel zufriedener: wie es im allgemeinen die Frauen sind, da in diesen das Rachegefühl nicht so stark ist. – Das Gewissen wird also durch den Erfolg bestimmt: es verurteilt nachträglich die Absichten, ja es verfälscht nachträglich die Absichten: die ganze Unmoralität und Unredlichkeit eines Menschen zeigt sich in dem Prozesse, den ihm sein Gewissen macht. Das schlechte Gewissen ist ebenso wie das gute Gewissen eines Menschen so dumm, verleumderisch oder lobrednerisch schmeichlerisch bequem – als der ganze Mensch ist. Man hat ein Gewissen nach seinem Niveau.

Aus dem Paradiese. – »Gut und böse sind die Vorurteile Gottes« – sagte die Schlange.

Was es mit unserer Heiterkeit auf sich hat. – Das größte neuere Ereignis, – daß »Gott tot ist«, daß der Glaube an den christlichen Gott unglaubwürdig geworden ist – beginnt bereits seine ersten Schatten über Europa zu werfen. Für die Wenigen wenigstens, deren Augen, deren Argwohn in den Augen stark und fein genug für dies Schauspiel ist, scheint eben irgendeine Sonne untergegangen, irgendein altes tiefes Vertrauen in Zweifel umgedreht: ihnen muß unsre alte Welt täglich abendlicher, mißtrauischer, fremder, »älter« scheinen. In der Hauptsache aber darf man sagen: das Ereignis selbst ist viel zu groß, zu fern, zu abseits vom Fassungsvermögen vieler, als daß auch nur seine Kunde schon angelangt heißen dürfte; geschweige denn, daß viele bereits wüßten, was eigentlich sich damit begeben hat – und was alles, nachdem dieser Glaube untergraben ist, nunmehr einfallen muß, weil es auf ihm gebaut, an ihn gelehnt, in ihn hineingewachsen war: zum Beispiel unsre ganze europäische Moral. Diese lange Fülle und Folge von Abbruch, Zerstörung, Untergang, Umsturz, die nun bevorsteht: wer erriete heute schon genug davon, um den Lehrer und Vorausverkünder dieser ungeheuren Logik von Schrecken abgeben zu müssen, den Propheten einer Verdüsterung und Sonnenfinsternis, deren Gleichen es wahrscheinlich noch nicht auf Erden gegeben hat? .. Selbst wir geborenen Rätselrater, die wir gleichsam auf den Bergen warten, zwischen Heute und Morgen hingestellt und in den Widerspruch zwischen Heute und Morgen hineingespannt, wir Erstlinge und Frühgeburten des kommenden Jahrhunderts, denen eigentlich die Schatten, welche Europa alsbald einwickeln müssen, jetzt schon zu Gesicht gekommen sein sollten: woran liegt es doch, daß selbst wir ohne rechte Teilnahme für diese Verdüsterung, vor allem ohne Sorge und Furcht für uns ihrem Heraufkommen entgegensehn? Stehen wir vielleicht zu sehr noch unter den nächsten Folgen dieses Ereignisses – und diese nächsten Folgen, seine Folgen für uns sind, umgekehrt als man vielleicht erwarten könnte, durchaus nicht traurig und verdüsternd, vielmehr wie eine neue schwer zu beschreibende Art von Licht, Glück, Erleichterung, Erheiterung, Ermutigung, Morgenröte ... In der Tat, wir Philosophen und »freien Geister« fühlen uns bei der Nachricht, daß der »alte Gott tot« ist, wie von einer neuen Morgenröte angestrahlt; unser Herz strömt dabei über von Dankbarkeit, Erstaunen, Ahnung, Erwartung, – endlich erscheint uns der Horizont wieder frei, gesetzt selbst, daß er nicht hell ist, endlich dürfen unsre Schiffe wieder auslaufen, auf jede Gefahr hin auslaufen, jedes Wagnis des Erkennenden ist wieder erlaubt, das Meer, unser Meer liegt wieder offen da, vielleicht gab es noch niemals ein so »offnes Meer«. –

Von den Abtrünnigen

Ach, liegt alles schon welk und grau, was noch jüngst auf dieser Wiese grün und bunt stand? Und wie vielen Honig der Hoffnung trug ich von hier in meine Bienenkörbe!

Diese jungen Herzen sind alle schon alt geworden, – und nicht alt einmal! nur müde, gemein, bequem: – sie heißen es »wir sind wieder fromm geworden.«

Noch jüngst sah ich sie in der Frühe auf tapferen Füßen hinauslaufen: aber ihre Füße der Erkenntnis wurden müde, und nun verleumden sie auch noch ihre Morgen-Tapferkeit!

Wahrlich, mancher von ihnen hob einst die Beine wie ein Tänzer, ihm winkte das Lachen in meiner Weisheit: – da besann er sich. Eben sah ich ihn krumm – zum Kreuze kriechen.

Um Licht und Freiheit flatterten sie einst gleich Mükken und jungen Dichtern. Ein Wenig älter, ein Wenig kälter: und schon sind sie Dunkler und Munkler und Ofenhocker.

Verzagte ihnen wohl das Herz darob, daß mich die Einsamkeit verschlang gleich einem Walfische? Lauschte ihr Ohr wohl sehnsüchtig-lange *umsonst* nach mir und meinen Trompeten- und Herolds-Rufen?

– Ach! Immer sind ihrer nur wenige, deren Herz einen langen Mut und Übermut hat; und solchen bleibt auch der Geist geduldsam. Der Rest aber ist *feige*.

Der Rest: das sind immer die Allermeisten, der Alltag, der Überfluß, die Viel-zu-Vielen – diese alle sind feige! –

Wer meiner Art ist, dem werden auch die Erlebnisse meiner Art über den Weg laufen: also, daß seine ersten Gesellen Leichname und Possenreißer sein müssen.

Seine zweiten Gesellen aber – die werden sich seine Gläubigen heißen: ein lebendiger Schwarm, viel Liebe, viel Torheit, viel unbärtige Verehrung.

An diese Gläubigen soll der nicht sein Herz binden, wer meiner Art unter Menschen ist; an diese Lenze und bunte Wiesen soll der nicht glauben, wer die flüchtigfeige Menschenart kennt!

Könnten sie anders, so würden sie auch anders wollen. Halb- und Halbe verderben alles Ganze. Daß Blätter welk werden, – was ist da zu klagen!

Laß sie fahren und fallen, o Zarathustra, und klage nicht! Lieber noch blase mit raschelnden Winden unter sie, –

– blase unter diese Blätter, o Zarathustra: daß alles Welke schneller noch von dir davonlaufe! –

»Wir sind wieder fromm geworden« – so bekennen diese Abtrünnigen; und manche von ihnen sind noch zu feige, also zu bekennen.

Denen sehe ich ins Auge, – denen sage ich es ins Gesicht und in die Röte ihrer Wangen: Ihr seid solche, welche wieder beten!

Es ist aber eine Schmach, zu beten! Nicht für alle, aber für dich und mich und wer auch im Kopfe sein Gewissen hat. Für dich ist es eine Schmach, zu beten!

Du weißt es wohl: dein feiger Teufel in dir, der gerne Hände-falten und Hände-in-den-Schoß-legen und es bequemer haben möchte: – dieser feige Teufel redet dir zu »es gibt einen Gott!«

Damit aber gehörst du zur lichtscheuen Art, denen Licht nimmer Ruhe läßt; nun mußt du täglich deinen Kopf tiefer in Nacht und Dunst stecken!

Und wahrlich, du wähltest die Stunde gut: denn eben wieder fliegen die Nachtvögel aus. Die Stunde kam allem lichtscheuen Volke, die Abend- und Feierstunde, wo es nicht – »feiert«.

Ich höre und rieche es: es kam ihre Stunde für Jagd und Umzug, nicht zwar für eine wilde Jagd, sondern für eine zahme lahme schnüffelnde Leisetreter- und Leisebeter-Jagd, –

– für eine Jagd auf seelenvolle Duckmäuser: alle Herzens-Mausefallen sind jetzt wieder aufgestellt! Und wo ich einen Vorhang aufhebe, da kommt ein Nachtfalterchen herausgestürzt.

Hockte es da wohl zusammen mit einem andern Nachtfalterchen? Denn überall rieche ich kleine verkrochne Gemeinden; und wo es Kämmerlein gibt, da gibt es neue Bet-Brüder drin und den Dunst von Bet-Brüdern.

Sie sitzen lange Abende beieinander und sprechen: »Lasset uns wieder werden wie die Kindlein und ›lieber Gott‹ sagen!« – an Mund und Magen verdorben durch die frommen Zuckerbäcker.

Oder sie sehen lange Abende einer listigen lauernden Kreuzspinne zu, welche den Spinnen selber Klugheit predigt und also lehrt: »Unter Kreuzen ist gut spinnen!«

Oder sie sitzen tagsüber mit Angelruten an Sümpfen und glauben sich tief damit; aber wer dort fischt, wo es keine Fische gibt, den heiße ich noch nicht einmal oberflächlich!

Oder sie lernen fromm-froh die Harfe schlagen bei einem Lieder-Dichter, der sich gern jungen Weibchen ins Herz harfnen möchte: – denn er wurde der alten Weibchen müde und ihres Lobpreisens.

Oder sie lernen gruseln bei einem gelahrten Halb-Tollen, der in dunklen Zimmern wartet, daß ihm die Geister kommen – und der Geist ganz davonläuft!

Oder sie horchen einem alten umgetriebnen Schnurr- und Knurrpfeifer zu, der trüben Winden die Trübsal der Töne ablernte; nun pfeift er nach dem Winde und predigt in trüben Tönen Trübsal.

Und einige von ihnen sind sogar Nachtwächter geworden: die verstehen jetzt in Hörner zu blasen und nachts umherzugehn und alte Sachen aufzuwecken, die lange schon eingeschlafen sind.

Fünf Worte von alten Sachen hörte ich gestern nachts an der Garten-Mauer: die kamen von solchen alten betrübten trocknen Nachtwächtern.

»Für einen Vater sorgt er nicht genug um seine Kinder: Menschen-Väter tun dies besser!« –

»Er ist zu alt! Er sorgt schon gar nicht mehr um seine Kinder« – also antwortete der andere Nachtwächter.

»Hat er denn Kinder? Niemand kann's beweisen, wenn er's selber nicht beweist! Ich wollte längst, er bewiese es einmal gründlich.«

»Beweisen? Als ob Der je Etwas bewiesen hätte! Beweisen fällt ihm schwer; er hält große Stücke darauf, daß man ihm glaubt.«

»Ja! Ja! Der Glaube macht ihn selig, der Glaube an ihn. Das ist so die Art alter Leute! So geht's uns auch!« –

– Also sprachen zueinander die zwei alten Nachtwächter und Lichtscheuchen, und tuteten darauf betrübt in ihre Hörner: so geschah's gestern nachts an der Garten-Mauer.

Mir aber wand sich das Herz vor Lachen und wollte brechen und wußte nicht, wohin? und sank ins Zwerchfell.

Wahrlich, das wird noch mein Tod sein, daß ich vor Lachen ersticke, wenn ich Esel betrunken sehe und Nachtwächter also an Gott zweifeln höre.

Ist es denn nicht *lange* vorbei auch für alle solche Zweifel? Wer darf noch solche alte eingeschlafne lichtscheue Sachen aufwecken!

Mit den alten Göttern ging es ja lange schon zu Ende: – und wahrlich, ein gutes fröhliches Götter-Ende hatten sie!

Sie »dämmerten« sich nicht zu Tode, – das lügt man wohl! Vielmehr: sie haben sich selber einmal zu Tode – *gelacht*!

Das geschah, als das gottloseste Wort von einem Gotte selber ausging, – das Wort: »Es ist Ein Gott! Du sollst keinen andern Gott haben neben mir!« –

– ein alter Grimm-Bart von Gott, ein eifersüchtiger vergaß sich also:

Und alle Götter lachten damals und wackelten auf ihren Stühlen und riefen: »Ist das nicht eben Göttlichkeit, daß es Götter, aber keinen Gott gibt?«

Wer Ohren hat, der höre. –

Also redete Zarathustra in der Stadt, die er liebte und welche zubenannt ist »die bunte Kuh«. Von hier nämlich hatte er nur noch zwei Tage zu gehen, daß er wieder in seine Höhle käme und zu seinen Tieren; seine Seele aber frohlockte beständig ob der Nähe seiner Heimkehr. –

Das Abendmahl

An dieser Stelle nämlich unterbrach der Wahrsager die Begrüßung Zarathustras und seiner Gäste: er drängte sich vor, wie einer, der keine Zeit zu verlieren hat, faßte die Hand Zarathustras und rief: »Aber Zarathustra!

Eins ist notwendiger als das Andre, so redest du selber: wohlan, Eins ist mir jetzt notwendiger als alles Andere.

Ein Wort zur rechten Zeit: hast du mich nicht zum Mahle eingeladen? Und hier sind viele, die lange Wege machten. Du willst uns doch nicht mit Reden abspeisen?

Auch gedachtet ihr alle mir schon zu viel des Erfrierens, Ertrinkens, Erstickens und andrer Leibes-Notstände: keiner aber gedachte meines Notstandes, nämlich des Verhungerns –«

(Also sprach der Wahrsager; wie die Tiere Zarathustras aber diese Worte hörten, liefen sie vor Schrecken davon. Denn sie sahen, daß was sie auch am Tage heimgebracht hatten, nicht genug sein werde, den Einen Wahrsager zu stopfen.)

»Eingerechnet das Verdursten«, fuhr der Wahrsager fort. »Und ob ich schon Wasser hier plätschern höre, gleich Reden der Weisheit, nämlich reichlich und unermüdlich: ich – will Wein!

Nicht jeder ist gleich Zarathustra ein geborner Wassertrinker. Wasser taugt auch nicht für Müde und Verwelkte: uns gebührt Wein, – der erst gibt plötzliches Genesen und stegreife Gesundheit!«

Bei dieser Gelegenheit, da der Wahrsager nach Wein begehrte, geschah es, daß auch der König zur Linken, der Schweigsame, einmal zu Worte kam. »Für Wein«, sprach er, »trugen wir Sorge, ich samt meinem Bruder, dem Könige zur Rechten: wir haben Weins genug, – einen ganzen Esel voll. So fehlt nichts als Brot.«

»Brot?« entgegnete Zarathustra und lachte dazu. »Nur gerade Brot haben Einsiedler nicht. Aber der Mensch lebt nicht vom Brot allein, sondern auch vom Fleische guter Lämmer, deren ich zwei habe:

– Die soll man geschwinde schlachten und würzig, mit Salbei, zubereiten: so liebe ich's. Und auch an Wurzeln und Früchten fehlt es nicht, gut genug selbst für Lecker- und Schmeckerlinge; noch an Nüssen und andern Rätseln zum Knacken.

Also wollen wir in Kürze eine gute Mahlzeit machen. Wer aber mit essen will, muß auch mit Hand anlegen, auch die Könige. Bei Zarathustra nämlich darf auch ein König Koch sein.«

Mit diesem Vorschlage war allen nach dem Herzen geredet: nur daß der freiwillige Bettler sich gegen Fleisch und Wein und Würzen sträubte.

»Nun hört mir doch diesen Schlemmer Zarathustra!« sagte er scherzhaft: »Geht man dazu in Höhlen und Hoch-Gebirge, daß man solche Mahlzeiten macht?

Nun freilich verstehe ich, was er einst uns lehrte: ›Gelobt sei die kleine Armut!‹ Und warum er die Bettler abschaffen will.«

»Sei guter Dinge«, antwortete ihm Zarathustra, »wie ich es bin. Bleibe bei deiner Sitte, du Trefflicher, malme deine Körner, trink dein Wasser, lobe deine Küche: wenn sie dich nur fröhlich macht!

Ich bin ein Gesetz nur für die Meinen, ich bin kein Gesetz für Alle. Wer aber zu mir gehört, der muß von starken Knochen sein, auch von leichten Füßen, –

– lustig zu Kriegen und Festen, kein Düsterling, kein Traum-Hans, bereit zum Schwersten wie zu seinem Feste, gesund und heil.

Das Beste gehört den Meinen und mir; und gibt man's uns nicht, so nehmen wir's: – die beste Nahrung, den reinsten Himmel, die stärksten Gedanken, die schönsten Fraun!« –

Also sprach Zarathustra; der König zur Rechten aber entgegnete: »Seltsam! Vernahm man je solche kluge Dinge aus dem Munde eines Weisen?

Und wahrlich, das ist das Seltsamste an einem Weisen, wenn er zu alledem auch noch klug und kein Esel ist.«

Also sprach der König zur Rechten und wunderte sich; der Esel aber sagte zu seiner Rede mit bösem Willen I-A. Dies aber war der Anfang von jener langen Mahlzeit, welche »das Abendmahl« in den Historien-Büchern genannt wird. Bei derselben aber wurde von nichts anderem geredet als vom höheren Menschen.

Die Erweckung

Nach dem Liede des Wanderers und Schattens wurde die Höhle mit Einem Male voll Lärmens und Lachens; und da die versammelten Gäste alle zugleich redeten, und auch der Esel, bei einer solchen Ermutigung, nicht mehr still blieb, überkam Zarathustra ein kleiner Widerwille und Spott gegen seinen Besuch: ob er sich gleich ihrer Fröhlichkeit erfreute. Denn sie dünkte ihm ein Zeichen der Genesung. So schlüpfte er hinaus ins Freie und sprach zu seinen Tieren.

»Wo ist nun ihre Not hin?« sprach er, und schon atmete er selber von seinem kleinen Überdrusse auf, – »bei mir verlernten sie, wie mich dünkt, das Notschrein!

– wenn auch, leider, noch nicht das Schrein.« Und Zarathustra hielt sich die Ohren zu, denn eben mischte sich das I-A des Esels wunderlich mit dem Jubel-Lärm dieser höheren Menschen.

»Sie sind lustig«, begann er wieder, »und wer weiß? vielleicht auf ihres Wirtes Unkosten; und lernten sie von mir lachen, so ist es doch nicht *mein* Lachen, das sie lernten.

Aber was liegt daran! Es sind alte Leute: sie genesen auf ihre Art, sie lachen auf ihre Art; meine Ohren haben schon Schlimmeres erduldet und wurden nicht unwirsch.

Dieser Tag ist ein Sieg: er weicht schon, er flieht, *der Geist der Schwere*, mein alter Erzfeind! Wie gut will dieser Tag enden, der so schlimm und schwer begann!

Und enden *will* er. Schon kommt der Abend: über das Meer her reitet er, der gute Reiter! Wie er sich wiegt, der Selige, Heimkehrende, in seinen purpurnen Sätteln!

Der Himmel blickt klar dazu, die Welt liegt tief: o all ihr Wunderlichen, die ihr zu mir kamt, es lohnt sich schon, bei mir zu leben!«

Also sprach Zarathustra. Und wieder kam da das Geschrei und Gelächter der höheren Menschen aus der Höhle: da begann er von neuem.

»Sie beißen an, mein Köder wirkt, es weicht auch ihnen ihr Feind, der Geist der Schwere. Schon lernen sie über sich selber lachen: höre ich recht?

Meine Manns-Kost wirkt, mein Saft- und Kraft-Spruch: und wahrlich, ich nährte sie nicht mit Bläh-Gemüsen! Sondern mit Krieger-Kost, mit Eroberer-Kost: neue Begierden weckte ich.

Neue Hoffnungen sind in ihren Armen und Beinen, ihr Herz streckt sich aus. Sie finden neue Worte, bald wird ihr Geist Mutwillen atmen.

Solche Kost mag freilich nicht für Kinder sein, noch auch für sehnsüchtige alte und junge Weibchen. Denen überredet man anders die Eingeweide; deren Arzt und Lehrer bin ich nicht.

Der Ekel weicht diesen höheren Menschen: wohlan! das ist mein Sieg. In meinem Reiche werden sie sicher, alle dumme Scham läuft davon, sie schütten sich aus.

Sie schütten ihr Herz aus, gute Stunden kehren ihnen zurück, sie feiern und käuen wieder, – sie werden dankbar.

Das nehme ich als das beste Zeichen: sie werden dankbar. Nicht lange noch, und sie denken sich Feste aus und stellen Denksteine ihren alten Freuden auf.

Es sind Genesende!« Also sprach Zarathustra fröhlich zu seinem Herzen und schaute hinaus; seine Tiere aber drängten sich an ihn und ehrten sein Glück und sein Stillschweigen.

Plötzlich aber erschrak das Ohr Zarathustras: die Höhle nämlich, welche bisher voller Lärmens und Gelächters war, wurde mit Einem Male totenstill; – seine Nase aber roch einen wohlriechenden Qualm und Weihrauch, wie von brennenden Pinienzapfen.

»Was geschieht? Was treiben sie?« fragte er sich und schlich zum Eingange heran, daß er seinen Gästen, unvermerkt, zusehn könne. Aber, Wunder über Wunder! was mußte er da mit seinen eignen Augen sehn!

»Sie sind alle wieder fromm geworden, sie beten, sie sind toll!« – sprach er und verwunderte sich über die Maßen. Und, fürwahr!, alle diese höheren Menschen, die zwei Könige, der Papst außer Dienst, der schlimme Zauberer, der freiwillige Bettler, der Wanderer und Schatten, der alte Wahrsager, der Gewissenhafte des Geistes und der häßlichste Mensch: sie lagen alle gleich Kindern und gläubigen alten Weibchen auf den Knien und beteten den Esel an. Und eben begann der häßlichste Mensch zu gurgeln und zu schnauben, wie als ob etwas Unaussprechliches aus ihm heraus wolle; als er es aber wirklich bis zu Worten gebracht hatte, siehe, da war es eine fromme seltsame Litanei zur Lobpreisung des angebeteten und angeräucherten Esels. Diese Litanei aber klang also:

Amen! Und Lob und Ehre und Weisheit und Dank und Preis und Stärke sei unserm Gott, von Ewigkeit zu Ewigkeit!

– Der Esel aber schrie dazu I-A.

Er trägt unsre Last, er nahm Knechtsgestalt an, er ist geduldsam von Herzen und redet niemals nein; und wer seinen Gott liebt, der züchtigt ihn.

– Der Esel aber schrie dazu I-A.

Er redet nicht: es sei denn, daß er zur Welt, die er schuf, immer ja sagt: also preist er seine Welt. Seine Schlauheit ist es, die nicht redet: so bekömmt er selten unrecht.

– Der Esel aber schrie dazu I-A.

Unscheinbar geht er durch die Welt. Grau ist die Leib-Farbe, in welche er seine Tugend hüllt. Hat er Geist, so verbirgt er ihn; jedermann aber glaubt an seine langen Ohren.

– Der Esel aber schrie dazu I-A.

Welche verborgene Weisheit ist das, daß er lange Ohren trägt und allein ja und nimmer nein sagt! Hat er nicht die Welt erschaffen nach seinem Bilde, nämlich so dumm als möglich?

– Der Esel aber schrie dazu I-A.

Du gehst gerade und krumme Wege; es kümmert dich wenig, was uns Menschen gerade oder krumm dünkt. Jenseits von Gut und Böse ist dein Reich. Es ist deine Unschuld, nicht zu wissen, was Unschuld ist.

– Der Esel aber schrie dazu I-A.

Siehe doch, wie du niemanden von dir stößest, die Bettler nicht, noch die Könige. Die Kindlein lässest du zu dir kommen, und wenn dich die bösen Buben locken, so sprichst du einfältiglich I-A.

– Der Esel aber schrie dazu I-A.

Du liebst Eselinnen und frische Feigen, du bist kein Kostverächter. Eine Distel kitzelt dir das Herz, wenn du gerade Hunger hast. Darin liegt eines Gottes Weisheit.

– Der Esel aber schrie dazu I-A.

Das Eselsfest

An dieser Stelle der Litanei aber konnte Zarathustra sich nicht länger bemeistern, schrie selber I-A, lauter noch als der Esel, und sprang mitten unter seine tollgewordenen Gäste. »Aber was treibt ihr da, ihr Menschenkinder?« rief er, indem er die Betenden vom Boden empor riß. »Wehe, wenn euch jemand anderes zusähe als Zarathustra:

Jeder würde urteilen, ihr wäret mit eurem neuen Glauben die ärgsten Gotteslästerer oder die törichtsten aller alten Weiblein!

Und du selber, du alter Papst, wie stimmt das mit dir selber zusammen, daß du solchergestalt einen Esel hier als Gott anbetest?« –

»O Zarathustra«, antwortete der Papst, »vergib mir, aber in Dingen Gottes bin ich aufgeklärter noch als du. Und so ist's billig.

Lieber Gott also anbeten, in dieser Gestalt, als in gar keiner Gestalt! Denke über diesen Spruch nach, mein hoher Freund: du errätst geschwind, in solchem Spruch steckt Weisheit.

Der, welcher sprach ›Gott ist ein Geist‹ – der machte bisher auf Erden den größten Schritt und Sprung zum Unglauben: solch Wort ist auf Erden nicht leicht wieder gut zu machen!

Mein altes Herz springt und hüpft darob, daß es auf Erden noch etwas anzubeten gibt. Vergib das, o Zarathustra, einem alten frommen Papst-Herzen! –«

– »Und du«, sagte Zarathustra zu dem Wanderer und Schatten, »du nennst und wähnst dich einen freien Geist? Und treibst hier solchen Götzen- und Pfaffendienst?

Schlimmer, wahrlich, treibst du's hier noch als bei deinen schlimmen braunen Mädchen, du schlimmer neuer Gläubiger!«

»Schlimm genug«, antwortete der Wanderer und Schatten, »du hast recht: aber was kann ich dafür! Der alte Gott lebt wieder, o Zarathustra, du magst reden, was du willst.

Der häßlichste Mensch ist an allem schuld: der hat ihn wieder auferweckt. Und wenn er sagt, daß er ihn einst getötet habe: Tod ist bei Göttern immer nur ein Vorurteil.«

– Und du, sprach Zarathustra, du schlimmer alter Zauberer, was tatest du! Wer soll, in dieser freien Zeit, fürderhin an dich glauben, wenn du an solche Götter-Eseleien glaubst?

Es war eine Dummheit, was du tatest; wie konntest du, du Kluger, eine solche Dummheit tun!

»O Zarathustra«, antwortete der kluge Zauberer, »du hast recht, es war eine Dummheit, – es ist mir auch schwer genug geworden.«

– »Und du gar«, sagte Zarathustra zu dem Gewissenhaften des Geistes, »erwäge doch und lege den Finger an deine Nase! Geht hier denn Nichts wider dein Gewissen? Ist dein Geist nicht zu reinlich für dies Beten und den Dunst dieser Betbrüder?«

»Es ist etwas daran«, antwortete der Gewissenhafte und legte den Finger an die Nase, »es ist etwas an diesem Schauspiele, das meinem Gewissen sogar wohltut.

Vielleicht, daß ich an Gott nicht glauben darf: gewiß aber ist, daß Gott mir in dieser Gestalt noch am glaubwürdigsten dünkt.

Gott soll ewig sein, nach dem Zeugnisse der Frömmsten: wer so viel Zeit hat, läßt sich Zeit. So langsam und so dumm als möglich: damit kann ein Solcher es doch sehr weit bringen. [...]«

[...]

Es ist zu bedauern, daß Jesus Christus nicht länger gelebt hat, er wäre vielleicht der erste Renegat seiner Lehre geworden, vielleicht hätte er dann auch noch das Lachen gelernt und weniger oft geweint.

Der nötigste Apostel. – Unter zwölf Aposteln muß immer einer hart wie ein Stein sein, damit auf ihm die neue Kirche gebaut werden könne.

Was ist »Kirche«? – Eine von Grund aus verlogene Art des Staates.

An die Träumer der Unsterblichkeit. – Diesem schönen Bewußtsein eurer selbst wünscht ihr also ewige Dauer? Ist das nicht schamlos? Denkt ihr denn nicht an alle anderen Dinge, die euch dann in alle Ewigkeit zu ertragen hätten, wie sie euch bisher ertragen haben mit einer mehr als christlichen Geduld? Oder meint ihr, ihnen ein ewiges Wohlgefühl an euch geben zu können? Ein einziger unsterblicher Mensch auf der Erde wäre ja schon genug, um alles Andere, das noch da wäre, durch Überdruß an ihm in eine allgemeine Sterbe- und Aufhängewut zu versetzen! Und ihr Erdenbewohner mit euren Begriffelchen von ein paar Tausend Zeitminütchen wollt dem ewigen allgemeinen Dasein ewig lästig fallen! Gibt es etwas Zudringlicheres! – Zuletzt: seien wir milde gegen ein Wesen von siebenzig Jahren! – es hat seine Phantasie im Ausmalen der eignen »ewigen Langenweile« nicht üben können, – es fehlte ihm an der Zeit!

Vergeltung im Jenseits? Ihr wollt bezahlt sein?

Das Nachtwandler-Lied

1.

Inzwischen aber war einer nach dem andern hinausgetreten, ins Freie und in die kühle nachdenkliche Nacht; Zarathustra selber aber führte den häßlichsten Menschen an der Hand, daß er ihm seine Nacht-Welt und den großen runden Mond und die silbernen Wasserstürze bei seiner Höhle zeige. Da standen sie endlich still beieinander, lauter alte Leute, aber mit einem getrösteten tapferen Herzen und verwundert bei sich, daß es ihnen auf Erden so wohl war; die Heimlichkeit der Nacht aber kam ihnen näher und näher ans Herz. Und von neuem dachte Zarathustra bei sich: »O wie gut sie mir nun gefallen, diese höheren Menschen!« – aber er sprach es nicht aus, denn er ehrte ihr Glück und ihr Stillschweigen. –

Da aber geschah das, was an jenem erstaunlichen langen Tage das Erstaunlichste war: der häßlichste Mensch begann noch einmal und zum letztenmal zu gurgeln und zu schnauben, und als er es bis zu Worten gebracht hatte, siehe, da sprang eine Frage rund und reinlich aus seinem Munde, eine gute tiefe klare Frage, welche allen, die ihm zuhörten, das Herz im Leibe bewegte.

»Meine Freunde insgesamt«, sprach der häßlichste Mensch, »was dünket euch? Um dieses Tags willen – ich bin's zum ersten Male zufrieden, daß ich das ganze Leben lebte.

Und daß ich so viel bezeuge, ist mir noch nicht genug. Es lohnt sich auf der Erde zu leben: Ein Tag, Ein Fest mit Zarathustra lehrte mich die Erde lieben.

›War Das – das Leben?‹ will ich zum Tode sprechen. ›Wohlan! Noch Ein Mal!‹

Meine Freunde, was dünket euch? Wollt ihr nicht gleich mir zum Tode sprechen: War Das – das Leben? Um Zarathustras willen, wohlan! Noch Ein Mal!« – –

Also sprach der häßlichste Mensch; es war aber nicht lange vor Mitternacht. Und was glaubt ihr wohl, daß damals sich zutrug? Sobald die höheren Menschen seine Frage hörten, wurden sie sich mit Einem Male ihrer Verwandlung und Genesung bewußt, und wer ihnen dieselbe gegeben habe: da sprangen sie auf Zarathustra zu, dankend, verehrend, liebkosend, ihm die Hände küssend, so wie es der Art eines jeden eigen war: also daß einige lachten, einige weinten. Der alte Wahrsager aber tanzte vor Vergnügen; und wenn er auch, wie manche Erzähler meinen, damals voll süßen Weines war, so war er gewißlich noch voller des süßen Lebens und hatte aller Müdigkeit abgesagt. Es gibt sogar solche, die erzählen, daß damals der Esel getanzt habe: nicht umsonst nämlich habe ihm der häßlichste Mensch vorher Wein zu trinken gegeben. Dies mag sich nun so verhalten oder auch anders; und wenn in Wahrheit an jenem Abende der Esel nicht getanzt hat, so geschahen doch damals größere und seltsamere Wunderdinge als es das Tanzen eines Esels wäre. Kurz, wie das Sprichwort Zarathustras lautet: »Was liegt daran!«

2.

Zarathustra aber, als sich dies mit dem häßlichsten Menschen zutrug, stand da, wie ein Trunkener: sein Blick erlosch, seine Zunge lallte, seine Füße schwankten. Und wer möchte auch erraten, welche Gedanken dabei über Zarathustras Seele liefen? Ersichtlich aber wich sein Geist zurück und floh voraus und war in weiten Fernen und gleichsam »auf hohem Joche, wie geschrieben steht, zwischen zwei Meeren,

– zwischen Vergangenem und Zukünftigem als schwere Wolke wandelnd.« Allgemach aber, während ihn die höheren Menschen in den Armen hielten, kam er ein wenig zu sich selber zurück und wehrte mit den Händen dem Gedränge der Verehrenden und Besorgten; doch sprach er nicht. Mit Einem Male aber wandte er schnell den Kopf, denn er schien etwas zu hören: da legte er den Finger an den Mund und sprach: »Kommt!«

Und alsbald wurde es rings still und heimlich; aus der Tiefe aber kam langsam der Klang einer Glocke herauf. Zarathustra horchte darnach, gleich den höheren Menschen; dann aber legte er zum andern Male den Finger an den Mund und sprach wiederum: »Kommt! Kommt! Es geht gen Mitternacht!« – und seine Stimme hatte sich verwandelt. Aber immer noch rührte er sich nicht von der Stelle: da wurde es noch stiller und heimlicher, und alles horchte, auch der Esel, und Zarathustras Ehrentiere, der Adler und die Schlange, insgleichen die Höhle Zarathustras und der große kühle Mond und die Nacht selber. Zarathustra aber legte zum dritten Male die Hand an den Mund und sprach:

Kommt! Kommt! Kommt! Laßt uns jetzo wandeln! Es ist die Stunde: laßt uns in die Nacht wandeln!

3.

Ihr höheren Menschen, es geht gen Mitternacht: da will ich euch etwas in die Ohren sagen, wie jene alte Glocke es mir ins Ohr sagt, –

– so heimlich, so schrecklich, so herzlich, wie jene Mitternachts-Glocke zu mir es redet, die mehr erlebt hat als Ein Mensch:

– welche schon eurer Väter Herzens-Schmerzens-Schläge abzählte – ach! ach! wie sie seufzt! wie sie im Traume lacht! die alte tiefe tiefe Mitternacht!

Still! Still! Da hört sich manches, das am Tage nicht laut werden darf; nun aber, bei kühler Luft, da auch aller Lärm eurer Herzen stille ward, –

– nun redet es, nun hört es sich, nun schleicht es sich

in nächtliche überwache Seelen: ach! ach! wie sie seufzt! wie sie im Traume lacht!

– hörst du's nicht, wie sie heimlich, schrecklich, herzlich zu dir redet, die alte tiefe tiefe Mitternacht?

O Mensch, gib acht!

4.

Wehe mir! Wo ist die Zeit hin? Sank ich nicht in tiefe Brunnen? Die Welt schläft –

Ach! Ach! Der Hund heult, der Mond scheint. Lieber will ich sterben, sterben, als euch sagen, was mein Mitternachts-Herz eben denkt.

Nun starb ich schon. Es ist dahin. Spinne, was spinnst du um mich? Willst du Blut? Ach! Ach! der Tau fällt, die Stunde kommt –

– die Stunde, wo mich fröstelt und friert, die fragt und fragt und fragt: »Wer hat Herz genug dazu?

– wer soll der Erde Herr sein? Wer will sagen: So sollt ihr laufen, ihr großen und kleinen Ströme!«

– die Stunde naht: o Mensch, du höherer Mensch, gib acht! diese Rede ist für feine Ohren, für deine Ohren – was spricht die tiefe Mitternacht?

5.

Es trägt mich dahin, meine Seele tanzt. Tagewerk! Tagewerk! Wer soll der Erde Herr sein?

Der Mond ist kühl, der Wind schweigt. Ach! Ach! Flogt ihr schon hoch genug? Ihr tanztet: aber ein Bein ist doch kein Flügel.

Ihr guten Tänzer, nun ist alle Lust vorbei, Wein ward Hefe, jeder Becher ward mürbe, die Gräber stammeln.

Ihr flogt nicht hoch genug: nun stammeln die Gräber »erlöst doch die Toten! Warum ist so lange Nacht? Macht uns nicht der Mond trunken?«

Ihr höheren Menschen, erlöst doch die Gräber, weckt die Leichname auf! Ach, was gräbt noch der Wurm? Es naht, es naht die Stunde, –

– es brummt die Glocke, es schnarrt noch das Herz, es gräbt noch der Holzwurm, der Herzenswurm. Ach! Ach! Die Welt ist tief!

6.

Süße Leier! Süße Leier! Ich liebe deinen Ton, deinen trunkenen Unken-Ton! – wie lang her, wie fern her kommt mir dein Ton, weit her, von den Teichen der Liebe!

Du alte Glocke, du süße Leier! Jeder Schmerz riß dir ins Herz, Vaterschmerz, Väterschmerz, Urväterschmerz, deine Rede wurde reif, –

– reif gleich goldenem Herbste und Nachmittage, gleich meinem Einsiedlerherzen – nun redest du: die Welt selber ward reif, die Traube bräunt,

– nun will sie sterben, vor Glück sterben. Ihr höheren Menschen, riecht ihr's nicht? Es quillt heimlich ein Geruch herauf,

– ein Duft und Geruch der Ewigkeit, ein rosenseliger brauner Gold-Wein-Geruch von altem Glücke,

– von trunkenem Mitternachts-Sterbeglücke, welches singt: die Welt ist tief und tiefer als der Tag gedacht!

7.

Laß mich! Laß mich! Ich bin zu rein für dich. Rühre mich nicht an! Ward meine Welt nicht eben vollkommen?

Meine Haut ist zu rein für deine Hände. Laß mich, du dummer tölpischer dumpfer Tag! Ist die Mitternacht nicht heller?

Die Reinsten sollen der Erde Herrn sein, die Unerkanntesten, Stärksten, die Mitternachts-Seelen, die heller und tiefer sind als jeder Tag.

O Tag, du tappst nach mir? Du tastest nach meinem Glücke? Ich bin dir reich, einsam, eine Schatzgrube, eine Goldkammer?

O Welt, du willst *mich*? Bin ich dir weltlich? Bin ich dir geistlich? Bin ich dir göttlich? Aber Tag und Welt, ihr seid zu plump, –

– habt klügere Hände, greift nach tieferem Glücke, nach tieferem Unglücke, greift nach irgendeinem Gotte, greift nicht nach mir:

– mein Unglück, mein Glück ist tief, du wunderlicher Tag, aber doch bin ich kein Gott, keine Gottes-Hölle: *tief ist ihr Weh.*

8.

Gottes Weh ist tiefer, du wunderliche Welt! Greife nach Gottes Weh, nicht nach mir! Was bin ich! Eine trunkene süße Leier, –

eine Mitternachts-Leier, eine Glocken-Unke, die niemand versteht, aber welche reden *muß*, vor Tauben, ihr höheren Menschen! Denn ihr versteht mich nicht!

Dahin! Dahin! O Jugend! O Mittag! O Nachmittag!

Nun kam Abend und Nacht und Mitternacht, – der Hund heult, der Wind:

– ist der Wind nicht ein Hund? Er winselt, er kläfft, er heult. Ach! Ach! wie sie seufzt! wie sie lacht, wie sie röchelt und keucht, die Mitternacht!

Wie sie eben nüchtern spricht, diese trunkene Dichterin! sie übertrank wohl ihre Trunkenheit? sie wurde überwach? sie käut zurück?

– ihr Weh käut sie zurück, im Traume, die alte tiefe Mitternacht, und mehr noch ihre Lust. Lust nämlich, wenn schon Weh tief ist: Lust ist tiefer noch als Herzeleid.

9.

Du Weinstock! Was preisest du mich? Ich schnitt dich doch! Ich bin grausam, du blutest –: was will dein Lob meiner trunkenen Grausamkeit?

»Was vollkommen ward, alles Reife – will sterben!« so redest du. Gesegnet, gesegnet sei das Winzermesser! Aber alles Unreife will leben: wehe!

Weh spricht: »Vergeh! Weg, du Wehe!« Aber alles, was leidet, will leben, daß es reif werde und lustig und sehnsüchtig,

– sehnsüchtig nach Fernerem, Höherem, Hellerem. »Ich will Erben, so spricht alles, was leidet, ich will Kinder, ich will nicht mich,« –

Lust aber will nicht Erben, nicht Kinder, – Lust will sich selber, will Ewigkeit, will Wiederkunft, will Alles-sich-ewig-gleich.

Weh spricht: »Brich, blute, Herz! Wandle, Bein! Flügel, flieg! Hinan! Hinauf! Schmerz!« Wohlan! Wohlauf! O mein altes Herz: Weh spricht: »Vergeh!«

10.

Ihr höheren Menschen, was dünket euch? Bin ich ein Wahrsager? Ein Träumender? Trunkener? Ein Traumdeuter? Eine Mitternachts-Glocke?

Ein Tropfen Taus? Ein Dunst und Duft der Ewigkeit? Hört ihr's nicht? Riecht ihr's nicht? Eben ward meine Welt vollkommen, Mitternacht ist auch Mittag, –

Schmerz ist auch eine Lust, Fluch ist auch ein Segen, Nacht ist auch eine Sonne, – geht davon oder ihr lernt: ein Weiser ist auch ein Narr.

Sagtet ihr jemals ja zu Einer Lust? Oh, meine Freunde, so sagtet ihr ja auch zu allem Wehe. Alle Dinge sind verkettet, verfädelt, verliebt, –

– wolltet ihr jemals Ein Mal Zwei Mal, spracht ihr jemals »du gefällst mir, Glück! Husch! Augenblick!« so wolltet ihr Alles zurück!

– Alles von neuem, Alles ewig, Alles verkettet, verfädelt, verliebt, o so liebtet ihr die Welt, –

– ihr Ewigen, liebt sie ewig und allezeit: und auch zum Weh sprecht ihr: vergeh, aber komm zurück! Denn alle Lust will – Ewigkeit!

11.

Alle Lust will aller Dinge Ewigkeit, will Honig, will Hefe, will trunkene Mitternacht, will Gräber, will Gräber-Tränen-Trost, will vergüldetes Abendrot –

– was will nicht Lust! sie ist durstiger, herzlicher, hungriger, schrecklicher, heimlicher als alles Weh, sie will sich, sie beißt in sich, des Ringes Wille ringt in ihr, –

– sie will Liebe, sie will Haß, sie ist überreich, schenkt, wirft weg, bettelt, daß Einer sie nimmt, dankt dem Nehmenden, sie möchte gern gehaßt sein, –

– so reich ist Lust, daß sie nach Wehe durstet, nach Hölle, nach Haß, nach Schmach, nach dem Krüppel, nach Welt, – denn diese Welt, o ihr kennt sie ja!

Ihr höheren Menschen, nach euch sehnt sie sich, die Lust, die unbändige, selige, – nach eurem Weh, ihr Mißratenen! Nach Mißratenem sehnt sich alle ewige Lust.

Denn alle Lust will sich selber, drum will sie auch Herzeleid! O Glück, o Schmerz! O brich, Herz! Ihr höheren Menschen, lernt es doch, Lust will Ewigkeit,

– Lust will aller Dinge Ewigkeit, will tiefe, tiefe Ewigkeit!

12.

Lerntet ihr nun mein Lied? Errietet ihr, was es will? Wohlan! Wohlauf! Ihr höheren Menschen, so singt mir nun meinen Rundgesang!

Singt mir nun selber das Lied, des Name ist »Noch ein Mal«, des Sinn ist »in alle Ewigkeit!«, singt, ihr höheren Menschen, Zarathustras Rundgesang!

O Mensch! Gib acht!
Was spricht die tiefe Mitternacht?
»Ich schlief, ich schlief –,
Aus tiefem Traum bin ich erwacht: –
Die Welt ist tief,
Und tiefer als der Tag gedacht.
Tief ist ihr Weh –,
Lust – tiefer noch als Herzeleid:
Weh spricht: Vergeh!
Doch alle Lust will Ewigkeit –,
– will tiefe, tiefe Ewigkeit!«

VI

»Scherz, List und Rache.«
Vorspiel in deutschen Reimen

Ich wohne in meinem eigenen Haus,
Hab Niemandem nie nichts nachgemacht
Und – lachte noch jeden Meister aus,
Der nicht sich selber ausgelacht.

Über meiner Haustür

I.
Einladung

Wagt's mit meiner Kost, ihr Esser!
Morgen schmeckt sie euch schon besser
Und schon übermorgen gut!
Wollt ihr dann noch mehr, – so machen
Meine alten sieben Sachen
Mir zu sieben neuen Mut.

2.
Mein Glück

Seit ich des Suchens müde ward,
Erlernte ich das Finden.
Seit mir ein Wind hielt Widerpart,
Segl' ich mit allen Winden.

3.

Unverzagt

Wo du stehst, grab tief hinein!
Drunten ist die Quelle!
Laß die dunklen Männer schrein:
»Stets ist drunten – Hölle!«

4.

Zwiegespräch

A. War ich krank? Bin ich genesen?
Und wer ist mein Arzt gewesen?
Wie vergaß ich alles Das!
B. Jetzt erst glaub ich dich genesen:
Denn gesund ist, wer vergaß.

5.

An die Tugendsamen

Unseren Tugenden auch solln leicht die Füße sich heben:
Gleich den Versen Homers müssen sie kommen und gehn!

6.

Welt-Klugheit

Bleib nicht auf ebnem Feld!
Steig nicht zu hoch hinaus!
Am schönsten sieht die Welt
Von halber Höhe aus.

Nietzsches Schreibmaschine

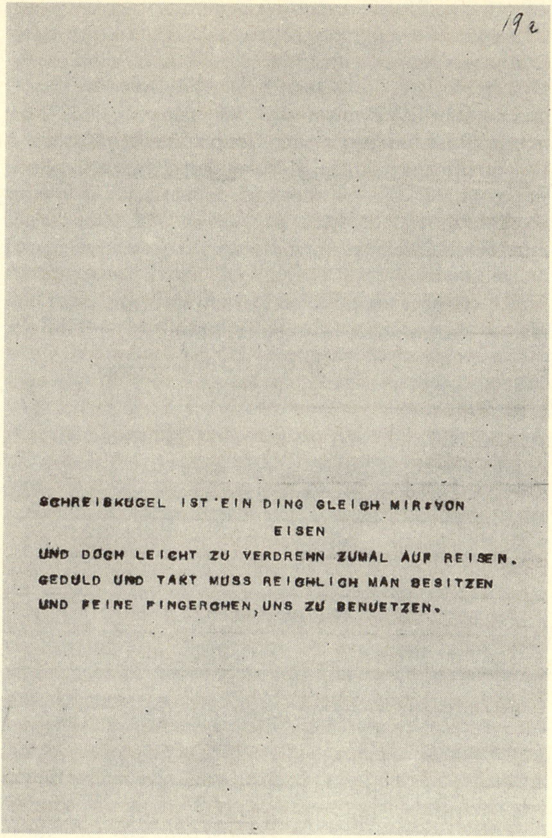

192

SCHREIBKUGEL IST EIN DING GLEICH MIR: VON
EISEN
UND DOCH LEICHT ZU VERDREHN ZUMAL AUF REISEN.
GEDULD UND TAKT MUSS REICHLICH MAN BESITZEN
UND FEINE FINGERCHEN, UNS ZU BENUETZEN.

Faksimile von Nietzsches Gedicht über seine Schreibmaschine
Februar/März 1882

7.

Vademecum – Vadetecum

Es lockt dich meine Art und Sprach,
Du folgest mir, du gehst mir nach?
Geh nur dir selber treulich nach: –
So folgst du mir – gemach! gemach!

8.

Bei der dritten Häutung

Schon krümmt und bricht sich mir die Haut,
Schon giert mit neuem Drange,
So viel sie Erde schon verdaut,
Nach Erd in mir die Schlange.

Schon kriech ich zwischen Stein und Gras
Hungrig auf krummer Fährte,
Zu essen das, was stets ich aß,
Dich, Schlangenkost, dich, Erde!

9.

Meine Rosen

Ja! Mein Glück – es will beglücken –,
Alles Glück will ja beglücken!
Wollt ihr meine Rosen pflücken?

Müßt euch bücken und verstecken
Zwischen Fels und Dornenhecken,
Oft die Fingerchen euch lecken!

Denn mein Glück – es liebt das Necken!
Denn mein Glück – es liebt die Tücken! –
Wollt ihr meine Rosen pflücken?

10.

Der Verächter

Vieles laß ich falln und rollen,
Und ihr nennt mich drum Verächter.
Wer da trinkt aus allzuvollen
Bechern, läßt viel falln und rollen –,
Denkt vom Weine drum nicht schlechter.

11.

Das Sprüchwort spricht

Scharf und milde, grob und fein,
Vertraut und seltsam, schmutzig und rein,
Der Narren und Weisen Stelldichein:
Dies alles bin ich, will ich sein,
Taube zugleich, Schlange und Schwein!

12.

An einen Lichtfreund

Willst du nicht Aug und Sinn ermatten,
Lauf auch der Sonne nach im Schatten!

13.

Für Tänzer

Glattes Eis
Ein Paradeis
Für den, der gut zu tanzen weiß.

14.
Der Brave

Lieber aus ganzem Holz eine Feindschaft,
Als eine geleimte Freundschaft!

15.
Rost

Auch Rost tut Not: Scharfsein ist nicht genung!
Sonst sagt man stets von dir: »Er ist zu jung!«

16.
Aufwärts

»Wie komm ich am besten den Berg hinan?«
Steig nur hinauf und denk nicht dran!

17.
Spruch des Gewaltmenschen

Bitte nie! Laß dies Gewimmer!
Nimm, ich bitte dich, nimm immer!

18.
Schmale Seelen

Schmale Seelen sind mir verhaßt;
Da steht nichts Gutes, nichts Böses fast.

19.
Der unfreiwillige Verführer

Er schoß ein leeres Wort zum Zeitvertreib
Ins Blaue – und doch fiel darob ein Weib.

20.
Zur Erwägung

Zwiefacher Schmerz ist leichter zu tragen,
Als Ein Schmerz: willst du darauf es wagen?

21.
Gegen die Hoffahrt

Blas dich nicht auf: sonst bringet dich
Zum Platzen schon ein kleiner Stich.

22.
Mann und Weib

»Raub dir das Weib, für das dein Herze fühlt!« –
So denkt der Mann; das Weib raubt nicht, es stiehlt.

23.
Interpretation

Leg ich mich aus, so leg ich mich hinein:
Ich kann nicht selbst mein Interprete sein.
Doch wer nur steigt auf seiner eignen Bahn,
Trägt auch mein Bild zu hellerm Licht hinan.

24.
Pessimisten-Arznei

Du klagst, daß Nichts dir schmackhaft sei?
Noch immer, Freund, die alten Mucken?
Ich hör dich lästern, lärmen, spucken –
Geduld und Herz bricht mir dabei.
Folg mir, mein Freund! Entschließ dich frei,
Ein fettes Krötchen zu verschlucken,
Geschwind und ohne hinzugucken! –
Das hilft dir von der Dyspepsei!

25.
Bitte

Ich kenne mancher Menschen Sinn
Und weiß nicht, wer ich selber bin!
Mein Auge ist mir viel zu nah –
Ich bin nicht, was ich seh und sah.
Ich wollte mir schon besser nützen,
Könnt ich mir selber ferner sitzen.
Zwar nicht so ferne wie mein Feind!
Zu fern sitzt schon der nächste Freund –
Doch zwischen dem und mir die Mitte!
Erratet ihr, um was ich bitte?

26.
Meine Härte

Ich muß weg über hundert Stufen,
Ich muß empor und hör euch rufen:
»Hart bist du; sind wir denn von Stein?« –
Ich muß weg über hundert Stufen,
Und Niemand möchte Stufe sein.

27.
Der Wandrer

»Kein Pfad mehr! Abgrund rings und Totenstille!« –
So wolltest du's! Vom Pfade wich dein Wille!
Nun, Wandrer, gilt's! Nun blicke kalt und klar!
Verloren bist du, glaubst du – an Gefahr.

28.
Trost für Anfänger

Seht das Kind umgrunzt von Schweinen,
Hülflos, mit verkrümmten Zeh'n!
Weinen kann es, Nichts als weinen –
Lernt es jemals stehn und gehn?
Unverzagt! Bald, sollt ich meinen,
Könnt das Kind ihr tanzen sehn!
Steht es erst auf beiden Beinen,
Wird's auch auf dem Kopfe stehn.

29.
Sternen-Egoismus

Rollt' ich mich rundes Rollefaß
Nicht um mich selbst ohn Unterlaß,
Wie hielt' ich's aus, ohne anzubrennen,
Der heißen Sonne nachzurennen?

30.
Der Nächste

Nah hab den Nächsten ich nicht gerne:
Fort mit ihm in die Höh und Ferne!
Wie würd er sonst zu meinem Sterne? –

31.
Der verkappte Heilige

Daß dein Glück uns nicht bedrücke,
Legst du um dich Teufelstücke,
Teufelswitz und Teufelskleid.
Doch umsonst! Aus deinem Blicke
Blickt hervor die Heiligkeit!

32.
Der Unfreie

A. Er steht und horcht: was konnt ihn irren?
Was hört er vor den Ohren schwirren?
Was war's, das ihn darniederschlug?
B. Wie jeder, der einst Ketten trug,
Hört überall er – Kettenklirren.

33.
Der Einsame

Verhaßt ist mir das Folgen und das Führen.
Gehorchen? Nein! Und aber nein – Regieren!
Wer *sich* nicht schrecklich ist, macht Niemand Schrecken:
Und nur wer Schrecken macht, kann andre führen.

Verhaßt ist mir's schon, selber mich zu führen!
Ich liebe es, gleich Wald- und Meerestieren,
Mich für ein gutes Weilchen zu verlieren,
In holder Irrnis grüblerisch zu hocken,
Von ferne her mich endlich heimzulocken,
Mich selber zu mir selber – zu verführen.

34.
Seneca et hoc genus omne

Das schreibt und schreibt sein unaussteh-
lich weises Larifari,
Als gält es primum scribere,
Deinde philosophari.

35.
Eis

Ja! Mitunter mach ich Eis:
Nützlich ist Eis zum Verdauen!
Hättet ihr viel zu verdauen,
O wie liebtet ihr mein Eis!

36.
Jugendschriften

Meiner Weisheit A und O
Klang mir hier: was hört ich doch!
Jetzo klingt mir's nicht mehr so,
Nur das ew'ge Ah! und Oh!
Meiner Jugend hör ich noch.

37.
Vorsicht

In jener Gegend reist man jetzt nicht gut;
Und hast du Geist, sei doppelt auf der Hut!
Man lockt und liebt dich, bis man dich zerreißt:
Schwarmgeister sind's –: da fehlt es stets an Geist!

38.
Der Fromme spricht

Gott liebt uns, weil er uns erschuf! –
»Der Mensch schuf Gott!« – sagt drauf ihr Feinen.
Und soll nicht lieben, was er schuf?
Soll's gar, weil er es schuf, verneinen?
Das hinkt, das trägt des Teufels Huf.

39.
Im Sommer

Im Schweiße unsres Angesichts
Solln unser Brot wir essen?
Im Schweiße ißt man lieber Nichts,
Nach weiser Ärzte Ermessen.
Der Hundsstern winkt: woran gebricht's?
Was will sein feurig Winken?
Im Schweiße unsres Angesichts
Solln unsren Wein wir trinken!

40.
Ohne Neid

Ja, neidlos blickt er: und ihr ehrt ihn drum?
Er blickt sich nicht nach euren Ehren um;
Er hat des Adlers Auge für die Ferne,
Er sieht euch nicht! – er sieht nur Sterne, Sterne.

41.
Heraklitismus

Alles Glück auf Erden,
Freunde, gibt der Kampf!
Ja, um Freund zu werden,
Braucht es Pulverdampf!
Eins in Drei'n sind Freunde:
Brüder vor der Not,
Gleiche vor dem Feinde,
Freie – vor dem Tod!

42.
Grundsatz der Allzufeinen

Lieber auf den Zehen noch,
Als auf allen Vieren!
Lieber durch ein Schlüsselloch,
Als durch offne Türen!

43.
Zuspruch

Auf Ruhm hast du den Sinn gericht?
Dann acht der Lehre:
Beizeiten leiste frei Verzicht
Auf Ehre!

44.
Der Gründliche

Ein Forscher ich? O spart dies Wort! –
Ich bin nur schwer – so manche Pfund!
Ich falle, falle immerfort
Und endlich auf den Grund!

45.
Für immer

»Heut komm ich, weil mir's heute frommt« –
Denkt jeder, der für immer kommt.
Was ficht ihn an der Welt Gered:
»Du kommst zu früh! Du kommst zu spät!«

46.
Urteile der Müden

Der Sonne fluchen alle Matten;
Der Bäume Wert ist ihnen – Schatten!

47.
Niedergang

»Er sinkt, er fällt jetzt« – höhnt ihr hin und wieder;
Die Wahrheit ist: er steigt zu euch hernieder!

Sein Überglück ward ihm zum Ungemach,
Sein Überlicht geht eurem Dunkel nach.

48.
Gegen die Gesetze

Von heut an hängt an härner Schnur
Um meinen Hals die Stunden-Uhr:
Von heut an hört der Sterne Lauf,
Sonn, Hahnenschrei und Schatten auf,
Und was mir je die Zeit verkünd't,
Das ist jetzt stumm und taub und blind: –
Es schweigt mir jegliche Natur
Beim Tiktak von Gesetz und Uhr.

49.
Der Weise spricht

Dem Volke fremd und nützlich doch dem Volke,
Zieh ich des Weges, Sonne bald, bald Wolke –
Und immer über diesem Volke!

50.
Den Kopf verloren

Sie hat jetzt Geist – wie kam's, daß sie ihn fand?
Ein Mann verlor durch sie jüngst den Verstand,
Sein Kopf war reich vor diesem Zeitvertreibe:
Zum Teufel ging sein Kopf – nein! nein! zum Weibe!

51.
Fromme Wünsche

»Mögen alle Schlüssel doch
Flugs verloren gehen,
Und in jedem Schlüsselloch
Sich der Dietrich drehen!«
Also denkt zu jeder Frist
Jeder, der – ein Dietrich ist.

52.
Mit dem Fuße schreiben

Ich schreib nicht mit der Hand allein:
Der Fuß will stets mit Schreiber sein.
Fest, frei und tapfer läuft er mir
Bald durch das Feld, bald durchs Papier.

53.
»Menschliches, Allzumenschliches.«
Ein Buch

Schwermütig scheu, solang du rückwärts schaust,
Der Zukunft trauend, wo du selbst dir traust:
O Vogel, rechn' ich dich den Adlern zu?
Bist du Minervas Liebling U-hu-hu?

54.
Meinem Leser

Ein gut Gebiß und einen guten Magen –
Dies wünsch ich dir!
Und hast du erst mein Buch vertragen,
Verträgst du dich gewiß mit mir!

55.
Der realistische Maler

»Treu die Natur und ganz!« – Wie fängt er's an:
Wann wäre je Natur im Bilde abgetan?
Unendlich ist das kleinste Stück der Welt! –
Er malt zuletzt davon, was ihm gefällt.
Und was gefällt ihm? Was er malen kann!

56.
Dichter-Eitelkeit

Gebt mir Leim nur: denn zum Leime
Find ich selber mir schon Holz!
Sinn in vier unsinn'ge Reime
Legen – ist kein kleiner Stolz!

57.
Wählerischer Geschmack

Wenn man frei mich wählen ließe,
Wählt ich gern ein Plätzchen mir
Mitten drin im Paradiese:
Gerner noch – vor seiner Tür!

58.
Die krumme Nase

Die Nase schauet trutziglich
Ins Land, der Nüster blähet sich –
Drum fällst du, Nashorn ohne Horn,
Mein stolzes Menschlein, stets nach vorn!
Und stets beisammen find't sich das:
Gerader Stolz, gekrümmte Nas.

59.

Die Feder kritzelt

Die Feder kritzelt: Hölle das!
Bin ich verdammt zum Kritzeln-Müssen? –
So greif ich kühn zum Tintenfaß
Und schreib mit dicken Tintenflüssen.
Wie läuft das hin, so voll, so breit!
Wie glückt mir alles, wie ich's treibe!
Zwar fehlt der Schrift die Deutlichkeit –
Was tut's? Wer liest denn, was ich schreibe?

VII

Lieder des Prinzen Vogelfrei

An Goethe

Das Unvergängliche
Ist nur dein Gleichnis!
Gott der Verfängliche
Ist Dichter-Erschleichnis ...

Welt-Rad, das rollende,
Streift Ziel auf Ziel:
Not – nennt's der Grollende,
Der Narr nennt's – Spiel ...

Welt-Spiel, das herrische,
Mischt Sein und Schein: –
Das Ewig-Närrische
Mischt uns – hinein! ...

Dichters Berufung

Als ich jüngst, mich zu erquicken,
Unter dunklen Bäumen saß,
Hört ich ticken, leise ticken,
Zierlich, wie nach Takt und Maß.
Böse wurd ich, zog Gesichter, –
Endlich aber gab ich nach,
Bis ich gar, gleich einem Dichter,
Selber mit im Tiktak sprach.

Wie mir so im Verse-Machen
Silb um Silb ihr Hopsa sprang,
Mußt ich plötzlich lachen, lachen
Eine Viertelstunde lang.
Du ein Dichter? Du ein Dichter?
Steht's mit deinem Kopf so schlecht?
– »Ja, mein Herr, Sie sind ein Dichter«
Achselzuckt der Vogel Specht.

Wessen harr ich hier im Busche?
Wem doch laur' ich Räuber auf?
Ist's ein Spruch? Ein Bild? Im Husche
Sitzt mein Reim ihm hintendrauf.
Was nur schlüpft und hüpft, gleich sticht der
Dichter sich's zum Vers zurecht.
– »Ja, mein Herr, Sie sind ein Dichter«
Achselzuckt der Vogel Specht.

Reime, mein ich, sind wie Pfeile?
Wie das zappelt, zittert, springt,
Wenn der Pfeil in edle Teile
Des Lacerten-Leibchens dringt!
Ach, ihr sterbt dran, arme Wichter,
Oder taumelt wie bezecht!
– »Ja, mein Herr, Sie sind ein Dichter«
Achselzuckt der Vogel Specht.

Schiefe Sprüchlein voller Eile,
Trunkne Wörtlein, wie sich's drängt!
Bis ihr alle, Zeil an Zeile,
An der Tiktak-Kette hängt.
Und es gibt grausam Gelichter,
Das dies – freut? Sind Dichter – schlecht?

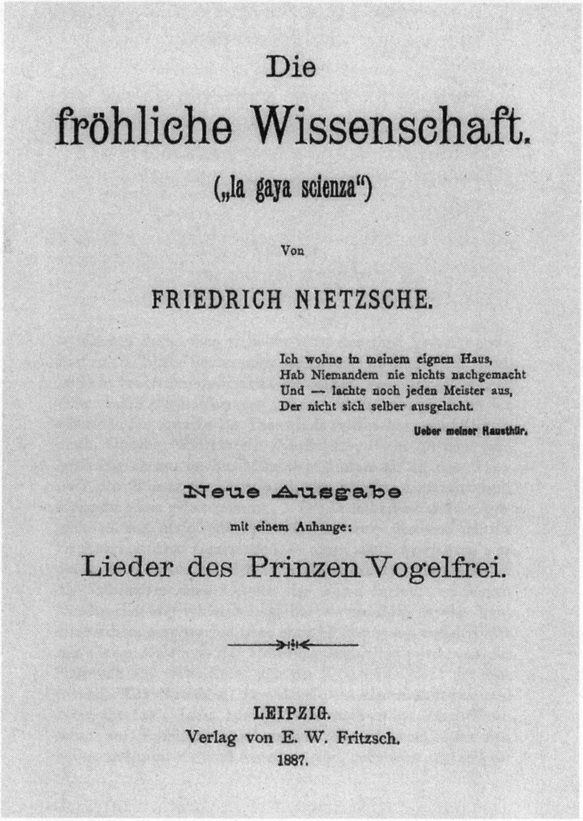

Die

fröhliche Wissenschaft.

(„la gaya scienza“)

Von

FRIEDRICH NIETZSCHE.

Ich wohne in meinem eignen Haus,
Hab Niemandem nie nichts nachgemacht
Und — lachte noch jeden Meister aus,
Der nicht sich selber ausgelacht.

Ueber meiner Hausthür.

Neue Ausgabe

mit einem Anhange:

Lieder des Prinzen Vogelfrei.

LEIPZIG.
Verlag von E. W. Fritzsch.
1887.

Titelseite der Neuausgabe

– »Ja, mein Herr, Sie sind ein Dichter«
Achselzuckt der Vogel Specht.

Höhnst du, Vogel? Willst du scherzen?
Steht's mit meinem Kopf schon schlimm,
Schlimmer stünd's mit meinem Herzen?
Fürchte, fürchte meinen Grimm! –
Doch der Dichter – Reime flicht er
Selbst im Grimm noch schlecht und recht.
– »Ja, mein Herr, Sie sind ein Dichter«
Achselzuckt der Vogel Specht.

Im Süden

So häng ich denn auf krummem Aste
Und schaukle meine Müdigkeit.
Ein Vogel lud mich her zu Gaste,
Ein Vogelnest ist's, drin ich raste.
Wo bin ich doch? Ach, weit! Ach, weit!

Das weiße Meer liegt eingeschlafen,
Und purpurn steht ein Segel drauf.
Fels, Feigenbäume, Turm und Hafen,
Idylle rings, Geblök von Schafen, –
Unschuld des Südens, nimm mich auf!

Nur Schritt für Schritt – das ist kein Leben,
Stets Bein vor Bein macht deutsch und schwer.
Ich hieß den Wind mich aufwärts heben,
Ich lernte mit den Vögeln schweben, –
Nach Süden flog ich übers Meer.

Vernunft! Verdrießliches Geschäfte!
Das bringt uns allzubald ans Ziel!
Im Fliegen lernt ich, was mich äffte, –
Schon fühl ich Mut und Blut und Säfte
Zu neuem Leben, neuem Spiel ...

Einsam zu denken nenn ich weise,
Doch einsam singen – wäre dumm!
So hört ein Lied zu eurem Preise
Und setzt euch still um mich im Kreise,
Ihr schlimmen Vögelchen, herum!

So jung, so falsch, so umgetrieben
Scheint ganz ihr mir gemacht zum Lieben
Und jedem schönen Zeitvertreib?
Im Norden – ich gesteh's mit Zaudern –
Liebt ich ein Weibchen, alt zum Schaudern:
»Die Wahrheit« heiß dies alte Weib ...

Die fromme Beppa

So lang noch hübsch mein Leibchen,
Lohnt's sich schon, fromm zu sein.
Man weiß, Gott liebt die Weibchen,
Die hübschen obendrein.
Er wird's dem armen Mönchlein
Gewißlich gern verzeihn,
Daß er, gleich manchem Mönchlein,
So gern will bei mir sein.

Kein grauer Kirchenvater!
Nein, jung noch und oft rot,
Oft trotz dem grausten Kater
Voll Eifersucht und Not.

Ich liebe nicht die Greise,
Er liebt die Alten nicht:
Wie wunderlich und weise
Hat Gott dies eingericht!

Die Kirche weiß zu leben,
Sie prüft Herz und Gesicht.
Stets will sie mir vergeben, –
Ja, wer vergibt mir nicht!
Man lispelt mit dem Mündchen,
Man knickst und geht hinaus,
Und mit dem neuen Sündchen
Löscht man das alte aus.

Gelobt sei Gott auf Erden,
Der hübsche Mädchen liebt
Und derlei Herzbeschwerden
Sich selber gern vergibt.
So lang noch hübsch mein Leibchen,
Lohnt sich's schon, fromm zu sein:
Als altes Wackelweibchen
Mag mich der Teufel frein!

Die kleine Brigg, genannt »das Engelchen«

Engelchen: so nennt man mich –
Jetzt ein Schiff, dereinst ein Mädchen,
Ach, noch immer sehr ein Mädchen!
Denn es dreht um Liebe sich
Stäts mein feines Steuerrädchen.

Engelchen: so nennt man mich –
Bin geschmückt mit hundert Fähnchen,
Und das schönste Kapitänchen
Bläht an meinem Steuer sich,
Als das hunderterste Fähnchen.

Engelchen: so nennt man mich –
Überall hin, wo ein Flämmchen
Für mich glüht, lauf ich ein Lämmchen
Meinen Weg sehnsüchtiglich:
Immer war ich solch ein Lämmchen.

Engelchen: so nennt man mich –
Glaubt ihr wohl, daß wie ein Hündchen
Belln ich kann und daß mein Mündchen
Dampf und Feuer wirft um sich?
Ach, des Teufels ist mein Mündchen!

Engelchen: so nennt man mich –
Sprach ein bitterböses Wörtchen
Einst, daß schnell zum letzten Örtchen
Mein Geliebtester entwich:
Ja, er starb an diesem Wörtchen!

Engelchen: so nennt man mich –
Kaum gehört, sprang ich vom Klippchen
In den Grund und brach ein Rippchen,
Daß die liebe Seele wich:
Ja, sie wich durch dieses Rippchen!

Engelchen: so nennt man mich –
Meine Seele, wie ein Kätzchen,
Tat eins, zwei, drei, vier, fünf Sätzchen,
Schwang dann in dies Schiffchen sich –
Ja, sie hat geschwinde Tätzchen.

Engelchen: so nennt man mich –
Jetzt ein Schiff, dereinst ein Mädchen,
Ach, noch immer sehr ein Mädchen!
Denn es dreht um Liebe sich
Stäts mein feines Steuerrädchen.

Lied eines theokritischen Ziegenhirten

Da lieg ich, krank im Gedärm, –
Mich fressen die Wanzen.
Und drüben noch Licht und Lärm!
Ich hör's, sie tanzen ...

Sie wollte um diese Stund
Zu mir sich schleichen.
Ich warte wie ein Hund, –
Es kommt kein Zeichen.

Das Kreuz, als sie's versprach?
Wie konnte sie lügen?
– Oder läuft sie jedem nach,
Wie meine Ziegen?

Woher ihr seid'ner Rock? –
Ah, meine Stolze?
Es wohnt noch mancher Bock
An diesem Holze?

– Wie kraus und giftig macht
Verliebtes Warten!
So wächst bei schwüler Nacht
Giftpilz im Garten.

Die Liebe zehrt an mir
Gleich sieben Übeln, –
Nichts mag ich essen schier.
Lebt wohl, ihr Zwiebeln!

Der Mond ging schon ins Meer,
Müd sind alle Sterne,
Grau kommt der Tag daher, –
Ich stürbe gerne.

»Diesen ungewissen Seelen«

Diesen ungewissen Seelen
Bin ich grimmig gram.
All ihr Ehren ist ein Quälen,
All ihr Lob ist Selbstverdruß und Scham.

Daß ich nicht an ihrem Stricke
Ziehe durch die Zeit,
Dafür grüßt mich ihrer Blicke
Giftig-süßer hoffnungsloser Neid.

Möchten sie mir herzhaft fluchen
Und die Nase drehn!
Dieser Augen hülflos Suchen
Soll bei mir auf ewig irre gehn.

Narr in Verzweiflung

Ach! Was ich schrieb auf Tisch und Wand
Mit Narrenherz und Narrenhand,
Das sollte Tisch und Wand mir zieren? . . .

Doch ihr sagt: »Narrenhände schmieren, –
Und Tisch und Wand soll man purgieren,
Bis auch die letzte Spur verschwand!«

Erlaubt! Ich lege Hand mit an –,
Ich lernte Schwamm und Besen führen,
Als Kritiker, als Wassermann.

Doch, wenn die Arbeit abgetan,
Säh' gern ich euch, ihr Überweisen,
Mit Weisheit Tisch und Wand besch . . . . . .

Rimus remedium
Oder: Wie kranke Dichter sich trösten

Aus deinem Munde,
Du speichelflüssige Hexe Zeit,
Tropft langsam Stund auf Stunde.
Umsonst, daß all mein Ekel schreit:
»Fluch, Fluch dem Schlunde
Der Ewigkeit!«

Welt – ist von Erz:
Ein glühender Stier, – der hört kein Schrein.
Mit fliegenden Dolchen schreibt der Schmerz
Mir ins Gebein:
»Welt hat kein Herz,
Und Dummheit wär's, ihr gram drum sein!«

Gieß alle Mohne,
Gieß, Fieber! Gift mir ins Gehirn!
Zu lang schon prüfst du mir Hand und Stirn.
Was frägst du? Was? »Zu welchem –
Lohne?«
– – Ha! Fluch der Dirn
Und ihrem Hohne!

Nein! Komm zurück!
Draußen ist's kalt, ich höre regnen –
Ich sollte dir zärtlicher begegnen?
– Nimm! Hier ist Gold: wie glänzt das
Stück! –
Dich heißen »Glück«?
Dich, Fieber, segnen? –

Die Tür springt auf!
Der Regen sprüht nach meinem Bette!
Wind löscht das Licht, – Unheil in Hauf'!
– Wer jetzt nicht hundert Reime hätte,
Ich wette, wette,
Der ginge drauf!

Lieder und Sinnsprüche

Takt als Anfang, Reim als Endung,
Und als Seele stets Musik:
Solch ein göttliches Gequiek
Nennt man Lied. Mit kürzrer Wendung,
Lied heißt: »Worte als Musik«.

Sinnspruch hat ein neu Gebiet:
Er kann spotten, schwärmen, springen,
Niemals kann der Sinnspruch singen;
Sinnspruch heißt: »Sinn ohne Lied«. –

Darf ich euch von beidem bringen?

VIII

Unter Freunden. Ein Nachspiel

1.

Schön ist's, miteinander schweigen,
Schöner, miteinander lachen, –
Unter seidenem Himmels-Tuche
Hingelehnt zu Moos und Buche
Lieblich laut mit Freunden lachen
Und sich weiße Zähne zeigen.

Macht ich's gut, so wolln wir schweigen;
Macht ich's schlimm –, so wolln wir lachen
Und es immer schlimmer machen,
Schlimmer machen, schlimmer lachen,
Bis wir in die Grube steigen.

Freunde! Ja! So soll's geschehn? –
Amen! Und auf Wiedersehn!

2.

Kein Entschuld'gen! Kein Verzeihen!
Gönnt ihr Frohen, Herzens-Freien
Diesem unvernünft'gen Buche
Ohr und Herz und Unterkunft!
Glaubt mir, Freunde, nicht zum Fluche
Ward mir meine Unvernunft!

Was ich finde, was ich suche –,
Stand das je in einem Buche?

Ehrt in mir die Narren-Zunft!
Lernt aus diesem Narrenbuche,
Wie Vernunft kommt – »zur Vernunft«!

Also, Freunde, soll's geschehn? –
Amen! Und auf Wiedersehn!

Nietzsche mit Lou Salomé und Paul Rée (»Peitschenbild«)
Foto von Jules Bonnet, 1882

Textnachweise

Die Texte der vorliegenden Ausgabe folgen der Edition: *Friedrich Nietzsche. Sämtliche Werke*, Kritische Studienausgabe in 15 Bänden, hrsg. von Giorgio Colli und Mazzino Montinari, München: Deutscher Taschenbuch Verlag, 1980. Sie werden hier unter Angabe von Band- und Seitenzahl mit den angegebenen Siglen der Werktitel zitiert, die »Nachgelassenen Fragmente« allein unter Angabe von Band- und Seitenzahl (Bände 7–13).

Siglen der Werktitel

DD	Dionysos-Dithyramben
DS	David Strauss (Unzeitgemäße Betrachtungen I)
EH	Ecce homo
FW	Die fröhliche Wissenschaft
GD	Götzen-Dämmerung
GM	Zur Genealogie der Moral
GT	Die Geburt der Tragödie
HL	Vom Nutzen und Nachteil der Historie für das Leben (Unzeitgemäße Betrachtungen II)
IM	Idyllen aus Messina
JGB	Jenseits von Gut und Böse
M	Morgenröte
MA	Menschliches, Allzumenschliches (I–II)
Za	Also sprach Zarathustra (I–IV)

I
Das olympische Laster

15 **Motto** 13,477. **1** 9,673. **2** 9,675. **3** 10,389. **4** 10,14.
16 **1** DD; 6,382 ff.
21 **1** MA; 2,170. **2** JGB; 5,236.
22 **1** Za; 4,364.
23 **1** Za; 4,365. **2** Za; 4,365.
24 **1** Za; 4,366. **2** Za; 4,366.
25 **1** Za; 4,367.

26 1 13,551. 2 11,571. 3 9,391. 4 10,394. 5 GT; 1,57.
27 1 FW; 3,369 ff.
31 1 FW; 3,233.
32 1 MA; 2,157 f. 2 MA; 2,201 f.
33 1 MA; 2,174. 2 FW; 3,555.
34 1 9,676.

II
Die fröhliche Wissenschaft

35 **Motto** 9,673. 1 FW; 3,614 ff.
38 1 GD; 6,129 f. 2 EH; 6,292 f.
39 1 HL; 1,294. 2 9,319. 3 9,100. 4 HL; 1,300 f.
41 1 Za; 4,153 ff.
44 1 Za; 4,160 ff.
47 1 9,677. 2 9,675. 3 9,675.
48 1 9,675. 2 DS; 1,194.

III
Völker und Vaterländer

49 **Motto** MA; 2,309. 1 JGB; 5,179 ff.

IV
Menschliches, Allzumenschliches

79 **Motto** 10,388. 1 10,388. 2 MA; 2,87. 3 JGB; 5,87. 4 MA; 2,334. 5 10,390. 6 JGB; 5,87.
80 1 MA; 2,245. 2 JGB; 5,86. 3 MA; 2,335. 4 MA; 2,333. 5 10,390. 6 JGB; 5,87. 7 MA; 2,87.
82 1 11,74. 2 10,102. 3 9,53. 4 10,102. 5 10,395. 6 Za; 4,32 ff.
86 1 10,425. 2 JGB; 5,97. 3 JGB; 5,87.
87 1 10,103. 2 10,103. 3 MA; 2,87. 4 9,318. 5 10,395. 6 10,388. 7 10,388. 8 10,388. 9 MA; 2,332.
88 1 MA; 2,269. 2 MA; 268. 3 Za; 4,256 f.
89 1 10,384. 2 8,587. 3 8,586. 4 8,586. 5 8,586. 6 8,587 7 8,586. 8 8,587.

90 **1** 13,555. **2** 9,274. **3** MA; 2,641. **4** MA; 2,641 f.
5 MA; 2,642.
91 **1** FW; 3,556.
92 **1** FW; 3,505. **2** Za; 4,19 f.

V
Göttliches, Allzugöttliches

94 **Motto** MA; 2,388. **1** 10,397. **2** 10,396. **3** MA; 2,543 f.
96 **1** MA; 2,542 f.
98 **1** MA; 2,586.
99 **1** 9,637. **2** 9,275.
100 **1** FW; 3,517. **2** FW; 3,573 f.
102 **1** Za; 4,226 ff.
106 **1** Za; 4,353 ff.
109 **1** Za; 4,386 ff.
113 **1** Za; 4,390 f.
115 **1** 9,66. **2** MA; 2,587. **3** 10,394. **4** FW; 3,190.
116 **1** 10,409. **2** Za; 4,395 ff.

VI
»Scherz, List und Rache.«
Vorspiel in deutschen Reimen

126 **Motto** FW; 3,343. **1** FW; 3,353 ff.

VII
Lieder des Prinzen Vogelfrei

145 **1** FW; 3,639. **2** FW; 3,639 ff.
148 **1** FW; 3,641 f.
149 **1** FW; 3,642 f.
151 **1** IM; 3,336 f.
152 **1** FW; 3,645.
153 **1** FW; 3,646.
154 **1** FW; 3,646.
155 **1** FW; 3,647.
156 **1** 9,679.

VIII
Unter Freunden. Ein Nachspiel

157 1 MA; 2,365 f.

Das Titelzitat: 10,395.
Das Schlußzitat: 8,474.

Verzeichnis der Abbildungen

Die Vorrede ist des Autors Recht;
des Lesers aber – die Nachrede.

Friedrich Nietzsche